# 走进先贤普及读本编委成员
## （按姓氏笔画排序）

**编委会主任：** 万伯翱

**编委会副主任：** 石　英　　施　晗　　魏光洁

**委　　　员：** 王　伟　　王　芳　　石　英
　　　　　　　　 龙　妍　　李桂娟　　刘　斌
　　　　　　　　 刘巧巧　　亦　农　　陈晓燕
　　　　　　　　 施　晗　　高　杰　　管　梅
　　　　　　　　 魏光洁

走进先贤普及读本

# 风情百样苏东坡

王伟 ◎ 编著

中国社会出版社
国家一级出版社 ★ 全国百佳图书出版单位

图书在版编目 (CIP) 数据

风情百样苏东坡 / 王伟编著. — 北京：
中国社会出版社，2012.1（2022.6重印）
（走进先贤普及读本）
ISBN 978-7-5087-3734-8

Ⅰ.①风… Ⅱ.①王… Ⅲ.①苏轼（1036～1101）—生平事迹—通俗读物 Ⅳ.① K825.6-49

中国版本图书馆 CIP 数据核字 (2011) 第 229348 号

| | | | |
|---|---|---|---|
| 出 版 人：浦善新 | | 终 审 人：张铁纲 | |
| 责任编辑：魏光洁 | | 助理编辑：刘海飞 | |
| 责任校对：马潇潇 | | 封面设计：天之赋设计室 | |

| | |
|---|---|
| 出版发行：中国社会出版社 | 地　　址：北京市西城区二龙路甲33号 |
| 邮政编码：100032 | 编 辑 部：(010)58124851 |
| 网　　址：shcbs.mca.gov.cn | 发 行 部：(010)58124868 |
| 经　　销：新华书店 | |

| | |
|---|---|
| 印刷装订：北京华创印务有限公司 | 开　　本：155 mm×225 mm　1/16 |
| 印　　张：11 | 字　　数：116千字 |
| 版　　次：2012年1月第1版 | 印　　次：2022年6月第3次印刷 |
| 定　　价：39.80元 | |

中国社会出版社微信公众号

中国社会出版社天猫旗舰店

# 目录

引言 东坡其人 001

## 第一章 天生乐天派

苏轼出世 001
苏东坡长得什么样 007
家里有个苏小妹 013
与佛结缘 017
不写墓志 023
天下第三 030
《日喻》传说 037
偶像轶事 041
文房四宝 045

## 第二章 多面天才

天纵之才 050
姓名进化史 054
座右铭与怪石情结 058
苏东坡的『帽子戏法』 064
饮酒趣闻 068
东坡酿酒有一套 074
与竹的一世情缘 078
东坡与茶 085

## 第三章 爱唱反调

- 一代宗师 092
- 一门三父子 097
- 瞒天过海的礼部试试卷 102
- 美丽的错误 107
- 苏东坡与屈原赋 111
- 不合时宜 117

## 第四章 坎坷人生

- 身后之名 123
- 东坡之死 129
- 千古绝唱——《念奴娇·赤壁怀古》 133
- 乌台诗案 136
- 终身憾事 142
- 当上『煤老板』 146
- 东坡开药方 151
- 祸从口出 154

## 东坡其人

  宋神宗元丰三年（1080年），苏轼任礼部员外郎，因作诗讥讽王安石的新法，被以"谤讪朝廷"的罪名贬谪为黄州（今湖北黄冈）团练副使，虽然说这个官职仅仅是个摆设，但所幸没有丢了"老头皮"。就是在这里，年近半百的苏轼为自己取号"东坡居士"。

  说到东坡这个名号，还有一个传奇的故事：

  苏轼被贬黄州期间，没有住房也断了收入来源，他的好友黄州通判马正卿为其申请到黄州城东门外荒废的营房废地，"故营地数十亩，使得躬耕其中"（一说五十亩，见《苏长公外记》，"东坡在黄，即坡之下，种稻为田五十亩"）。苏轼带领家人开垦这数十亩荒废已久已经成为一片荆棘杂生、瓦砾遍地的荒蛮之地，自力更生自食其力来解决生计问题。苏轼给这块地取名

风情百样 苏东坡

"东坡",并自称东坡居士,这是苏轼四十四岁那年的事。

苏轼做起农夫开荒耕种,取号"东坡居士"之后,作《东坡八首》,他在小序中说:"余至黄二年,日以困匮,故人马正卿哀余乏食,为郡中情故营地数十亩,使得躬耕其中。地既久荒,为茨棘瓦砾之场,而岁又大旱,垦辟之劳,筋力殆尽。释耒而叹,乃作是诗,自愍其勤。庶几来岁之入,忽忘其劳焉。"这段话是说:我到了黄州已经两年了,由于没有经济来源,日子过得日益拮据。我的老朋友马正卿叹息我生活困难,因此为我申请了一块荒废已久的驻军营地,给了我在这片地耕作。但这片土地由于荒废已久,已经成为茨棘瓦砾等垃圾的场所。再加上这一年天大旱,开垦这片土地累得筋疲力尽。干活回来叹息不已,于是作了这首诗,来聊以自慰。等到这片地有收成的时候,不要忘了曾经付出的艰辛劳苦。

苏轼的《东坡八首》有诗:

废垒无人顾,颓垣满蓬蒿。
谁能捐筋力,岁晚不偿劳。
独有孤旅人,天穷无所逃。
端来拾瓦砾,岁旱土不膏。
崎岖草棘中,欲刮一寸毛。
喟然释耒叹,我廪何时高?

苏轼在诗中进一步描写了这片蛮荒之地无人光顾,到处是废弃的残垣断壁,长满杂草。对这样的蛮荒之地,谁肯在这付出劳动呢?只有他这个背井离乡孤旅之人为生活所迫才来拣瓦砾。苏轼在这首诗里描写了垦荒之苦,感叹还不知道什么时候能长出粮食装满他的粮仓?

苏轼过去曾离开朝廷出任地方的长官,都是不缺吃穿的。

如今这次被贬出朝堂是捡了"老头皮",与过去根本不可同日而语,这次是成了真正的农夫,要"躬耕"。这块地开垦出来后,苏轼在给友人孔平仲的一首诗中写道:

去年东坡拾瓦砾,自种黄桑三百尺。

今年对草盖雪堂,日炙风吹面如墨。

他说去年把东坡这块地开垦出来了,种上了三百尺黄桑。今年为了解决住所盖了雪堂,由于风吹日晒自己的面孔如墨一样黝黑了。

苏轼垦荒后,在这里还盖了茅屋居住,取名"东坡雪堂"还亲自书写了匾额。"我在东坡的一侧得到了一块废弃之地,在这里修墙盖屋,盖了五间房子。由于房子是在大雪中落成的,所以在四壁上画满了雪景。我题写了'东坡雪堂'的匾额。"

苏轼把他的"东坡雪堂"比喻成陶渊明的斜川,他在《江城子》序中写道:"……我躬耕在东坡,盖了雪堂居住,雪堂南面是四望亭的后丘,西面是北山的微泉。慨然叹道:我仿佛到了晋时陶渊明的斜川游历一番啊。于是写了这首词,词牌名《江城子》。"

梦中了了醉中醒,只渊明,是前生。走遍人间,依旧却躬耕。昨夜东坡春雨足,乌鹊喜,报新晴。

雪堂西畔暗泉鸣。北山倾,小溪横。南望亭丘,孤秀耸曾城。都是斜川当日景,吾老矣,寄余龄。

东坡在这首词里一扫阴霾,满是欣喜地把陶渊明比喻成自己的前生。自己半生出仕,到头来却是要当个农民种地。雪堂这里都是斜川当时的景色,我老了,就在这里度过余生吧。

苏轼觉得他劳而有获,他写道:"我现在在东坡种稻,虽然说是很劳苦的,但这其中也有乐趣。我现在有房屋五间,水果

风情百样 苏东坡

蔬菜数十畦，桑树百余棵。我亲自参与耕种，妻子养蚕纺织，这样可以生活了。"

而苏轼这个名号的来历，还和一个人大有关系，这个人就是白居易。

在苏轼之前公元820年，白居易（字乐天）在唐宪宗朝被贬为忠州刺史。被贬官的白居易曾在忠州城东坡上栽花、种树享"闲适之乐"。白居易在忠州的诗作中多有"东坡"之咏，《东坡种花》："持钱买花树，城东坡上栽。""东坡春向暮，树木今何如？"《步东坡》："朝上东坡步，夕上东坡步。东坡何所爱？爱此新成树。种植当岁初，滋荣及春暮。信意取次栽，无行亦无数。绿阴斜景转，芳气微风度。新叶鸟下来，萎花蝶飞去。闲携斑竹杖，徐曳黄麻屦。欲识往来频，青芜成白路。"白居易与东坡有一种浓厚的情结在里面。

苏轼之所以起了"东坡居士"这个名字，是他回顾自己的宦海生涯，认为自己的一生与白居易有着许多相似的经历，尤其认为自己谪居黄州的这一段经历缘由"与乐天大略相似"，对苏轼来说正是"于我心有戚戚焉"。因此，出于自己对白居易的敬仰爱戴，爱屋及乌，将白居易享"闲适之乐"之处的"东坡"，取"东坡居士"这个名字作为自己的号，这是他倾慕白居易的直接表露。

笔者的这种说法，多种典籍中都有佐证。

《宋史·东坡先生本传》云："轼与田父野老，相从溪山间，筑室于东坡，自号'东坡居士'。"这里说苏轼和农民交往在野外溪水山间，还在东坡盖房子，因此取了这个名字。

宋人洪迈《容斋随笔》里说："苏轼号东坡，详考其意，盖专慕白乐天而然。"这里说，苏东坡是因为仰慕他的偶像

白居易而取了这个名字。《容斋随笔》还记载,"苏公在黄,正与白公忠州相似。"意思是,东坡在黄州时的境遇,和白乐天在忠州十分相似。

宋人周必大在《二老堂诗话》指出:"本朝苏文忠公不轻许可,独敬爱乐天,屡形诗篇。盖其文章皆主辞达,而忠厚好施,刚直尽言,与人有情,于物无着,大略相似。谪居黄州,始号东坡,其原必起于乐天忠州之作也。"周必大说:苏文忠公(苏轼)是不轻易赞许他人的,唯独敬爱唐朝的白乐天,多次模仿白乐天所采用的形式作诗。因此苏轼的文章都是表述明白畅达,他为人又忠厚好施为善,刚正不阿有话直说,对每个人都真诚对待,对每个物体都没有伤害,基本上都是这样的。苏轼谪居黄州,开始称东坡,这里的缘由一定是因为白乐天在忠州的诗作。

苏轼还在自己的诗句中屡有表露对白乐天崇拜之情的句子。

在《去杭州》这首诗的序言中,苏轼说:"平生自觉出处老少粗似乐天。"诗句中明确表达:"出处依稀似乐天,敢将衰朽较前贤。"

在《入侍迩英》跋中有句:"乐天自江州司马除忠州刺史,旋以主客郎中知制诰,遂拜中书舍人。某虽不敢自比,然谪居黄州,起知文登,召为仪曹,遂忝侍从。出处老少,大略相似,庶几复享晚节闲适之乐。"诗句中也毫不隐晦:"定如香山老居士,世缘虽浅道根深。"在《赠写真李道士》:"他时要指集贤人,知是香山老居士。"

苏轼不仅在文章上表示出自己对白乐天的崇拜,还时常将自己比成现世的白乐天。他在《赠善相程杰》云:"我似

风情百样 苏东坡

乐天君记取,华颠赏遍洛阳春。"《送程懿叔》云:"我甚似乐天,但无素与蛮。"

至此,我们可以说,苏轼的思想意识中白居易的影子无处不在,可真称得上是白居易的"超级粉丝"。

自从起了东坡居士这个名号之后,苏轼的一些作品结集也开始以此号为名,如《东坡乐府》《东坡题跋》《东坡志林》《东坡七集》等等。

正是自"东坡"一出"一洗万古凡马空"。此后的近千年"东坡"与他的诗词文赋名扬天下。"东坡居士"这个红得发紫、红得发烫的名字,也从他诞生那一刻起与日月齐辉、天地同寿了。

# 第一章
# 天生乐天派

## 苏轼出世

大宋朝没有成就一个政治上取得辉煌成就的政治家苏东坡，却一不小心成就了一个文学家苏东坡。这才使中国两千年的文化艺术史上横空出世出现了这个最具有"知识分子"意味的中国文化人。那么，谁是苏东坡这位"文曲星"的伯乐呢？是谁最先发现了苏东坡这位旷世奇才？

对这两个问题，世人早有答案，皆以为是一代儒宗欧阳文忠公也。"有宋一代，若无欧阳修，则无苏东坡。"有此语为证，谁人不信？欧阳修，这位位列唐宋八大家之一，东坡之前大宋大名鼎鼎的头号文坛领军文人，他就是发现不世之才苏轼的第一人，这早在世人认可之中。为此人们还甚是佩服欧阳修襟怀坦荡地提携后辈。欧阳修具有光明磊落的君子

品德,谁还会怀疑呢?

《宋史》评价欧阳修,说他"奖掖后进,如恐不及"。宋仁宗嘉祐二年(1057年),欧阳修被钦命为这一年礼部试的主考官,21岁的苏轼这年参加考试。欧阳修是一个爱才如命的人,当他遇见苏轼这样千年难得一现的"奇人",怎能不为之欣喜而器重呢?苏轼通过礼部考试中进士,欧阳修成为苏轼的恩师,苏轼也得以成为欧阳修的门生,欧阳修也自然成了苏东坡这位"文曲星"的伯乐。

欧阳修在《与梅圣俞》这封信中对他说:"读轼书,不觉汗出。快哉!快哉!老夫当避路,放他出一头地也。可喜!可喜!"

欧阳修在和儿子谈论苏轼时,也由衷地说出了他对苏轼的欣赏之至:"汝记吾言,30年后,世上人更不道著我也!"(朱弁《曲洧旧闻》)欧阳修的话果然应验,苏轼死后的十年之内,果然无人再谈论欧阳修,大家都谈论苏轼。甚至苏轼的著作在遭朝廷禁阅之时,还有人在暗中偷读。

更有甚者,做学问一定要严谨,"言必有出处",这是不可颠覆的原则。而到了苏轼这里,他来了个"想当然耳",杜撰了一个典故,欧阳修非但不怪,反而大为包容。他对人说:"此人可谓善读书,善用书,他日文章必独步天下。"(杨万里《诚斋诗话》)这只能说明欧阳修对苏轼真是出格的喜爱欣赏。

嘉祐六年(1061年),欧阳修推荐苏轼经参加由宋仁宗亲自主持的"制科"殿试,又考了第一(制科三等)。宋代开国一百年,考上三等的,苏轼之前仅一人。一二等皆虚设。《宋史·东坡先生本传》:"自宋初以来,制策入三等,惟吴育与轼而已。"苏轼所作《进策》《进论》尽兴豪言提出自己的主张,对上自皇帝下至宰辅多予以批评,他指责后宫花销太大,又说仁宗本人勤政不足。这些激烈的文字大臣们都有些受不了,但宋仁宗还是肯定了他。苏轼入以三等取为第一,苏辙为下等。宋仁宗退朝后对高皇后说:"今天为子孙们找到了两个宰相。"(《宋史·东坡先生本传》)

苏轼对欧阳修的赏识自是充满感激之情。"故太子少师欧阳公好士,为天下第一。士有一言中于道,不远千里而求之,甚于士之求公。以故尽致天下豪俊,自庸众人以显于世者固多矣。然士之负于公者,亦时有。盖尝慨然太息,以人之难知,为好士者之戒。意公之于士,自是少倦。而其退老于颍水之上,余往见之,则犹论士之贤者,唯恐其不闻于世也;至于负己者,则曰:'是罪在我,非其过。'"这是苏轼在《钱塘勤上人诗集叙》中的话,德高望重、高风亮节的欧阳修自然当得。

苏轼因为对王安石变法不能苟同,神宗熙宁四年(1071年),苏轼请求外放,九月路经颍州时,与弟弟苏辙专程去拜访了恩师欧阳修,陪他游颍州西湖,作了一些诗颂扬欧阳修,欧阳修也为他介绍了在杭州的朋友。

孰料,这是他们师生最后一次见面,第二年,欧阳修去世。苏轼时在杭州通判任上,恸哭于孤山僧人惠勤禅室,作《祭欧阳文忠公文》:

> 呜呼哀哉!公之生于世,六十有六年。民有父母,国有蓍龟;斯文有传,学者有师;君子有所恃而不恐,小人有所畏而不为。譬如大川乔岳,不见其运动,而功利之及于物者,盖不可以数计而周知。

风情百样 苏东坡

今公之没也,赤子无所仰芘;朝廷无所稽疑;斯文化为异端,而学者至于用夷;君子以为无为为善,而小人沛然自以为得时——譬如深渊大泽,龙亡而虎逝,则变怪杂出,舞鳅鳝而号狐狸。

昔其未用也,天下以为病;而其既用也,则又以为迟;及其释位而去也莫不冀其复用;至其请老而归也,莫不惆怅失望,而犹庶几于万一者,幸公之未衰。孰谓公无复有意于斯世也,奄一去而莫予追!岂厌世混浊,洁身而逝乎?将民之无禄,而天莫之遗?

昔我先君怀宝遁世,非公则莫能致;而不肖无状,因缘出入,受教于门下者,十有六年于兹。闻公之丧,义当匍匐往吊,而怀录不去,愧古人以忸怩。缄词千里,以寓一哀而已矣!盖上以为天下恸,而下以哭其私。呜呼哀哉!

翻译过来就是:"悲痛啊!先生到这世上来,已经有66年了。因为有了先生,这就如百姓有父母,国家有了可以像蓍草和龟甲一样解决疑问的人;文化因而得到传授,求学的人有了老师;有德行的人有所依仗因此不会害怕,小人因为害怕先生所以还有不敢做的事情。先生就像高山大川,看不到他运动,但受他恩惠的事物,不能够用数字来衡量、不能全部的知晓。现在先生逝世了,有抱负的人失去了仰仗庇护,朝廷没有了查找疑问的人。文人被说成了异端,学者被遣送到了边远的地方;君子只能以不作为来为朝廷做点贡献,小人高兴地认为时机来了——就像深渊沼泽,神龙没有了,老虎也离开了,变端和怪异就层出不穷,像鳅鳝飞舞,又像狐狸在号叫。

"以前先生还没得到朝廷重用的时候，所有人把先生当成隐患心病；等到先生得到重用，又认为先生跟不上形势；到了先生放弃官职的时候，没有不希望他再次得到起用的；到了先生告老还乡，没有不惆怅失望的，又还抱着期望的心情，是因为先生还没有老去衰弱。谁知道先生不再留恋这世间，就这样不给我们追赶机会地走了。难道是厌倦了世间的混浊，洁身自好地走了吗？又难道是百姓没有这样的福分，上天不肯留下先生来？

"以前我的父辈胸怀大略隐居于世，不是先生就不能够招致到他；而那时没有才能的我，因为这样才得以跟随先生，在先生的门下受到教育，到现在都16年了。听说先生逝世的消息，按情理我应当跪着前去凭吊，但是身有公务不能前往，我也愧对过世的人而感到不自在。只能从千里之外写信，来抒发心中的悲哀。这样做是为天下苍生感到悲痛，也是我自己对先生的痛哭。悲痛啊，先生您安息吧。"

苏轼这篇祭文先写天下之不可以无欧阳修，没有了欧阳修则"赤子无所仰芘；朝廷无所稽疑"；后写两世知遇之恩，"盖上以为天下恸，而下以哭其私"。情深意切，感人至深。无可否认，欧阳修对苏洵有知遇之恩，于苏轼则有师生之谊。因而，苏轼以极其深沉的言辞讴歌欧阳修的功德，表达了他对欧阳修极深的感情。

综上所诉，欧阳修绝对是发现苏轼这匹"千里马"的伯乐、这颗"文曲星"的发现者，他对苏轼有"再造之功"。那么，欧阳修真是发现苏轼的第一人吗？通过阅读史籍可知，最先发现苏轼的，其实另有其人。

风情百样 苏东坡

这个人就是梅尧臣。梅尧臣字圣俞,世称宛陵先生,经欧阳修推荐,为国子监直讲,累迁尚书都官员外郎,故世称"梅直讲"、"梅都官"。嘉祐二年(1057年),欧阳修为这次礼部试的主试官,梅尧臣等饱学宿儒做参评官,辅助主考官阅卷。

当梅尧臣阅到《刑赏忠厚之至论》一文,立即被文章流畅语句、飞扬词采又颇有纵横之气所吸引,认为有"孟轲之风",特别青睐,因而将这篇文章推荐给主试官欧阳修。

欧阳修看到文章后,大喜过望,以为它"脱尽五代宋初以来的浮靡艰涩之风",因而十分赏识。爱才、惜才如命的欧阳修原本欲将这篇拔擢为第一,但又恐该文是自己的门生曾巩所作。为了避嫌,他劝说同样主张将此篇文章录为第一的梅尧臣将这篇文章列为第二。结果阴差阳错,试卷拆封后才发现该文为21岁的苏轼所作,而取为第一的却是曾巩的文章。

苏辙的《东坡先生墓志铭》记载:"嘉祐二年,欧阳文忠公考试礼部进士,疾时文之诡异,思有以救之。梅圣俞时与其事,得公《论刑赏》以示文忠。文忠惊喜,以为异人,欲以冠多士,疑曾子固所为,子固,文忠门下士也,乃置公第二。""梅圣俞时与其事,得公《论刑赏》以示文忠"清晰地反映了这一过程。

这样说来,第一个发现苏轼有天纵之才,"惊为天人"的不是欧阳修,而是参评官梅尧臣。

在判阅苏轼的《刑赏忠厚之至论》一文后,梅尧臣一直有个疑问没有解开,那就是苏轼文章中有关尧与皋陶的对白:"当尧之时,皋陶为士,将杀人。皋陶曰杀之三,尧曰宥之三。故天下畏皋陶执法之坚，而乐尧用刑之宽。"这位饱学宿儒竟然不知出处。他也不敢贸然提出查问，因为一经提出，就说明自己对古籍学习研究不深，这是十分丢面子的事。苏轼因此才得以瞒天过海。

考试后，苏轼到梅参评官那里去答谢，梅尧臣问苏轼："尧和皋陶这段典故见于何书？我一时想不起在何处读过。"苏答在《三国志·孔融传》的注释中。事后，梅尧臣查《三国志》还是没有查到。等苏轼又一次去时，梅再次问他。苏轼答："曹操灭袁绍，以绍子袁熙妻甄宓赐子曹丕。孔融云：'即周武王伐纣以妲己赐周公。'操惊，问出于何典，融答：'以今度之，想当然耳。'"苏轼说他用那个典故，和孔融一样，"是我想当然耳，杜撰的。"苏轼的这句话让这位前辈宿儒大惊："你所杜撰？"东坡回答说："帝尧之圣德，此言亦意料中事耳。"

欧、梅这两位大儒被苏轼恣意汪洋的文章所吸引，没有拿苏轼"想当然耳"来说事打压他，没有因为他为达到"言必有出处"而公然杜撰一个典故做论据。按考试规则，杜撰典故万万不可，何况是杜撰圣人。正是这二人的慧眼独具，因而造就了光耀千秋的一代文人。

## 苏东坡长得什么样

大凡对一个名人，人们不仅要闻其声知其事，潜意识里还要知其人，这样才能解开那些不是谜团的谜团。东坡先生是一位名震寰宇的伟人，也是一

## 风情百样 苏东坡

位性情中人。人们了解他的许多轶闻,都有自己的印象,各在自己的心中勾画出一幅东坡的肖像。那么,东坡究竟长得什么样呢?每个人都可以有自己的想象,你的想象能靠得住吗?

汉初张良帮助刘邦消灭项羽、建立汉朝立下千秋功业。司马迁于是想象张良应是一个相貌堂堂的伟丈夫,这是司马迁的想当然。事实上司马迁错了,张良竟长了一张女人似的脸。"状貌如妇人好女"。纪晓岚是个大才子,相貌自应是风流倜傥英俊潇洒,但实际的纪晓岚大烟袋相貌实在是对不住看家,真实的纪晓岚"貌寝短视"。"貌寝"指相貌丑陋,"短视"就是近视眼。这位大学士不光这些缺点还要加上口吃的"特点"。张之洞是晚清名臣,人们想象这位名臣面庞丰满,严峻儒雅,不知真实的张之洞长得却是"身材短小,面瘦如猴"。想象总是幸福美好的,事实又是残酷无情的。不仅古人有这样的尴尬,现在的人们更是谬误百出。

近千年来,民间流传着不同版本的东坡画像,这些画像有几个共同的特点:浓眉大眼、鼻直口方;宽阔的长方脸形,有一缕络腮大胡须;头戴的是"子瞻帽";身材魁梧高大。在人们的想象里,东坡老先生仙风道骨,长髯飘拂,英俊潇洒,就应该是这副模样。

然而实际的苏东坡长得是这样子吗?古人中好多诗作、笔记中都有东坡的相貌方面的描写,让我们从历史典籍中来寻找东坡的影子。

东坡在《传神记》中有语句谈及自己的面部特征,他说:"吾尝于灯下顾自见颊影,使人就壁模之,不作眉目,见者皆失笑，知其为吾也。目与颧颊似，余无不似者。"这个苏东坡很爱开玩笑，他在灯下看见自己的脸部影子，就让人在墙壁上把这个影子轮廓画出来，但不画眉目。看见这幅画的人都不禁笑了起来，一看便知这是东坡。东坡的颧骨和脸颊很有特点，很少有和他相似的。

东坡在给表弟生日写的诗中说："长身自昔传甥舅，寿骨遥知是弟兄。"这也是说他的颧骨特点。

东坡《送晁美叔发运右司年兄赴阙》诗："君来叩门如有求，颀然鹤骨清而修。"苏辙在恭贺兄长生日的《次韵子瞻寄贺生日》诗中也说："颀然仲与叔，耆老天所鹜。"苏辙这是说了东坡和他的身材都是"风姿挺秀貌"。

孔武仲在《东坡居士画怪石赋》中则这样描写苏轼的身材："东坡居士壮长多难，而处乎江湖之滨。……颀然八尺，皆知其为异人。"

孔武仲在《谒苏子瞻因寄》一诗中则说他："华严长者貌古奇，紫瞳烨烨双秀眉。"

苏门四学士之一的黄庭坚在诗中说了东坡的另一处特征，他的《病起荆江亭即事十首》其七专为东坡而作：

  文章韩杜无遗恨，草诏陆贽倾诸公。
  玉堂端要真学士，须得儋州秃鬓翁。

黄庭坚称东坡为秃鬓翁，就是说东坡两鬓是秃发的。

宋释善珍《题东坡儋耳书西江月》有诗：

  儋州秃鬓翁，老气凌汗漫。
  金銮岭海等游戏，尽倒银河洗忧患。
  山村荷瓢感慨歆，买酒独赏春梦婆。
  酒酣忽转商声急，龙君悲咤波臣泣，
  锦瑟无端弦五十。

**风情百样 苏东坡**

释善珍的诗也说东坡是秃鬓的。东坡秃鬓发这点看来无疑虑。

宋人邵博在《邵氏闻见后录》卷三十中有一则故事：

苏轼取笑秦观胡须太多，秦观说："君子多乎哉！"这句话出自于《论语·子罕》。有人称赞孔子多才多艺，孔子回答说，我从小家境贫寒，所以学会了很多生活技能。但在孔子看来，君子的最高境界在于仁爱，而不在于掌握具体的技能。所以他自问："君子多乎哉？"君子需要这么多的技能吗？他自问自答："不多也。"不需要。秦观巧妙借用原话的谐音，成了"君子多'胡'哉！"

东坡回答说："小人樊须也！"这句话见《论语·子路》，原话是"小人哉，樊须也！"樊须向孔子请教如何种田，孔子认为樊须只关心如何种田这一类具体的小事，不关心仁爱治国的大事，所以是小人，是没有智慧的人。苏轼也巧妙地借用谐音，转换成"小人'繁'须也"。

上述这个故事流传很广，有一定的可信度，证明了东坡只有少许胡须，不是什么"美髯公"、大胡子。

可是，还有一则与《邵氏闻见后录》一说相左的说法。明末魏学洢的《核舟记》中写道："中峨冠而多髯者为东坡。""多髯"可看出苏轼是络腮胡须，就是胡子多那种。看来这个说法可信度不够了，倒是为民间的传说提供了佐证。

米芾在《苏东坡挽诗五首》其一中，清晰地描述过苏轼的脸形："方瞳正碧貌如圭，六月相逢万里归。"

苏轼在《宝山昼睡》一诗中说：

　　七尺顽躯走世尘，
　　十围便腹贮天真。

> 此中空洞全无物,
> 何止容君数百人。

东坡说自己身高七尺,腹部十围。苏东坡是一个不可救药的乐天派,尽管他一生仕途坎坷,但能吃能睡,中年以后肚子发福,让人有了东坡也有"将军肚"的印象。有一个流传很广的故事说了东坡大肚子的事。有一次,苏东坡饭后抚摸肚腩,笑问侍婢,"这里都装了什么?"一婢女说是学问,一婢女说是文章,爱妾朝云却说:"那是一肚子的不合时宜。"苏轼捧腹大笑。见《梁溪漫志》及明人曹臣所编《舌华录》。

林语堂的《苏东坡传》中说东坡"眼睛很长而闪闪发光"。嘴唇很有个性"最能透露他特性的,就是他那敏感活动、强而有力的嘴唇"。林语堂还推测东坡身高大概是五尺七八寸(宋代的一尺约为30.7厘米),换算一下,苏轼应该在一米七五到一米八之间。这个身高已经够高的了。

从上面这些资料中,可以依稀勾勒出东坡的相貌:

东坡的身高大约在一米七五左右,花白的头发,红润的面颊。脸型为高颅巨颧,天庭较方正,下颌为较尖圆的圭形。眉毛挺秀清淡,眼睛不大却炯炯有神。胡须稀疏。形貌给人以清癯的感觉。

这是中晚年的东坡的相貌。

这样的画像和人们心目中民间流传的东坡像有着很大差距。不说别的,就说这把大胡子被"还原"没了,这就难以让人接受。民间流传的东坡画像大都浓眉朗目、方面大耳、鼻直口方、天庭饱满、身材魁梧、一把彰显东坡仙风道骨潇洒飘逸的大胡子在胸前飘洒。这个东坡像与那些被人们供奉

风情百样 苏东坡

的佛陀像、罗汉像、圣贤像颇有相似之处。

那么,流传在民间的东坡这些画像哪一幅最形神兼具呢?

北宋大画家李公麟是东坡的朋友,他曾画过一幅苏轼的画像。东坡在去世前两个月,看到了这幅画,于是在画上题诗云:

　　目若新生之犊,

　　身如不系之舟。

　　问汝平生功业,

　　黄州惠州儋州。

东坡把自己被贬谪三州自嘲为平生功业,无奈之中显露更多的是旷达和洒脱。东坡对这幅画像很满意(《金山志》)。

李公麟还作有一幅《扶杖醉坐图》,东坡拄着手杖,戴着帽子坐在一块石头上,略有醉意。黄庭坚在《跋东坡书帖后》说:"庐州李伯时近作子瞻按藤杖,坐盘石,极似其醉时意态。此纸妙天下,可乞伯时作一子瞻像,吾辈会聚时,开置席上,如见其人,亦一佳事。"清代学者翁方纲考证过,说这幅画和东坡本人的形象最为接近。

其实,喜爱苏东坡自是喜爱,"情人眼里出西施",如何美化自己心中的偶像,都是每个人自己的事。有的人就喜欢苏东坡峨冠博带长髯飘拂,这不关他人风和月。没必要强求,也没必要统一标准。就像每个人心中都有自己的孔子,都有自己臧否的历史人物,其好与坏,实难统而言之。这是无法统一的,也无须统一。

林语堂说:"归根结底,我们只能知道自己真正了解的人,我们只能完全了解我们真正喜欢的人。我认为我完全知道苏东坡,因为我了解他。我了解他,是因为我喜爱他。喜爱哪个诗人,完全是由于哪一种癖好。我想李白更为崇高,而杜甫更为伟大——在他伟大的诗之清新、自然、工巧、悲天悯人的情感方面更为伟大。但是不必表示什么歉意，恕我直言，我偏爱的诗人是苏东坡。"

"三军可以夺帅，匹夫不可以夺志。"每个人的喜爱、兴趣、志向，那是人家自己的事。

这样说来，东坡长得什么样并不重要，重要的是这样的人物，才是真正的"前无古人，后无来者"。

千百年来，人们敬仰喜爱苏轼，觉得他是我们人群当中一个很普通的人，就如我们的邻居，他就是那位和蔼可亲的老头儿。他给我们的印象是达观自我、关注民生，又无时不体现一种高空流明清澈见底的气质；面对挫折、打击、艰难，又无时不表现出无所畏惧超然物外的襟怀。这些在他身上水乳交融完美地结合在一起，因而人见人爱。就让那些喜欢东坡的人，每个人的心中都有一个自己的幻象好了。

千百年来，没有一个人能够像苏东坡这样，能在各个领域里边，都展示出一种特别卓越的才华。东坡那无以复制的人格魅力，如同孔子、庄子和孟子，已俨然成为后世人们精神和心灵的家园，是滋润我们精神世界不可或缺的食粮。东坡所创作的大量的诗文作品，已成为中华文化重要的组成部分、宝贵的财富之一。

## 家里有个苏小妹

传说苏小妹是唐宋八大家之一苏轼的妹妹，汉族，四川眉州（今四川眉山）人，她从小习读诗

风情百样 苏东坡

文,精通经理,是个有才识的女子。苏小妹长得端庄秀丽,身材不胖不瘦,薄薄的丹唇、圆圆的脸蛋、乌溜溜的大眼睛,再配上高高的额头,突出的双颧,一看就是一副慧黠的样子。传说她从小就爱与哥哥苏东坡比才斗口比才智。世间流传着许多有关她的故事,而历史上真的确有其人吗?

苏东坡曾拿苏小妹的长相开玩笑,形容她额头探凸,眼窝凹陷:

未出堂前三五步,额头先到画堂前。
几回拭泪深难到,留得汪汪两道泉。

小妹看到大哥不修边幅、乱蓬蓬的络腮胡须,当即回击:

一丛蓑草出唇间,须发连鬓耳杳然。
口角几回无觅处,忽闻毛里有声传。

女孩子伤自尊了,那可不是闹着玩的。还你一拳,扯平。那不解气,不占便宜不行。看东坡,额头扁平,老马脸长,两眼间距离如太阳和地球遥遥相望,整个就是五官搭配失调。又踹了他一脚。反唇相讥:

天平地阔路三千,遥望双眉云汉间。
去年一滴相思泪,至今流不到腮边。

看到了吧,这女孩子可不是好惹的,惹她们大都是引火烧身,自取其辱。这样兄妹有才有义的趣事,令多少人羡慕。

明代小说家冯梦龙在《醒世恒言》第十一回《苏小妹三难新郎》中,描写苏小妹的故事脍炙人口,让人津津乐道。里边讲了苏小妹和秦观新婚的佳话。洞房花烛时,苏小妹将新婚的秦观关在洞房门外，出了三个题目：第一题，新郎做一首绝句，要合了出题之意。第二题，四句诗中藏着四个古人，猜出是谁。第三题，要做个七字对儿。三试都答对，才能得饮美酒进新房。佳人才子，文人对垒，千古佳话，让人流连。

可是，后来知道了这件事是假的，苏小妹是杜撰的，查无此人。什么《苏小妹三难新郎》《苏小妹三难佛印》《兄妹戏对》，都属子虚乌有。

明朝进士单宇的《菊坡丛话》载，"人言无苏妹"。断言无苏小妹其人。

《苏轼评传》说，苏洵共三女三男六个子女。苏洵19岁娶程氏。苏洵20岁，长女夭折。26岁，长子景先出生。27岁，幼女八娘出生。28岁，苏轼生。30岁，长子景先死亡。31岁，苏辙生。苏洵的长子和大的两个女儿早卒，最小的女儿叫八娘，长东坡一岁。

从上面苏洵的年谱中可以看到，东坡没有小妹，只有三个姐姐。两个早亡，唯一健在的八娘长他一岁。据苏洵《自尤》诗句，他描述幼女八娘，"读书未省事华饰，下笔门门能属文。"又说，"幼而好学，慷慨有过人之节，为文亦往往有可喜。"看来，八娘的确是一位才女。她嫁给了自己的表兄、舅舅程浚的儿子程正辅。再者，苏轼与他弟弟苏辙，留存后世的书信有上百封，这些书信中从没有提到他们俩有一个妹妹，苏轼也从未提到过秦观和他们苏家有什么亲戚关系。

程家是豪门贵族，有钱有势，却是鲜寡廉耻。这位"苏小妹"婚后第一次回娘家就对父母说，"舅姑叔妹不道德"，

"人多我寡势不胜"。一年后,她生有一子,后染病。而程家不予医治,被接回娘家调养。程家却又以其"不归觐"为由,从她的怀中抱走婴儿,致其病情加重而亡。为此,苏洵在《自尤》诗中详细描述了这个悲剧婚姻,痛斥程家父子,也进行了痛苦的自责:"嗟哉此事余有罪,当使天下重结婚。"苏程两家从此断了往来。

八娘的婚姻,并不是才子佳人之配,而是一幕悲剧。八娘没有逃过封建社会妇女的悲剧命运,令人扼腕叹息。

苏洵在《祭亡妻文》中说,"有子六人,今谁在堂?惟轼与辙,仅存未亡。"苏洵说得明白,他的六个子女仅剩下苏轼、苏辙兄弟两人。

再说秦观,他29时,才第一次见到苏轼,苏轼当时43岁,苏轼一见秦观就喜欢看重了他,他成为"苏门四学士"之一。可那时候秦观已经结婚,他的妻子叫徐文美。所以说,不管苏家的小妹大姐他都不曾沾得上边。就是他相当愿意,也搭不上这班车。苏轼称秦观为"山抹微云君","苏门四学士中东坡最善少游",这也注定了秦观的一生和苏轼的人生命运何其相似乃尔,一样的命运多舛,不停地贬谪流放中湮没了这株颇有才华却又薄命的生命之花。闻秦少游死讯后,苏轼满怀悲怆地向天地间喊出:"少游已矣,虽万人何赎!"(《冷斋夜话》)这种白发人送黑发人的剜心之痛,这种"高山流水"的知音之悲,怎能不令人痛惜?

苏小妹是怎么杜撰出来的?经历了近千年的雨打风吹,或以正传谬,或以讹传讹,孰是孰非,已无从考证,也无须考证。或许,这一切都是依附于东坡的旷世奇才而来,这也是东坡人格魅力的另一种表现。后人敬仰东坡先生,名人都有传说，传说越多越佳。大家都认为苏东坡就该有个同样美丽、同样智慧、同样风趣的小妹，还要这个小妹永远年轻、天真爽朗、才貌双全，来与苏东坡逗趣，与秦观相好，以表现苏东坡的有福和秦观的有情，也附带着愉悦一下自己时而躁动的心。

所以，有人杜撰，就这样说了，敷衍出那样一个精灵般的人物，为东坡先生制作了一个美丽的倒影，来满足人们心底间那份儿女合欢的完满。尽管这是一个虚幻的涟漪，但大家都觉得挺好，你说我说，都说。或许，这就是苏小妹这个形象的真实意义所在。

尽管知道了史上绝无苏小妹其人，但这丝毫影响不了我们对这个人物的喜爱。她那清雅伶俐、机敏聪慧、栩栩如生、妙曼身影已然镌刻在脑海中，想一想就会幻化在眼前。

民间口头文学已赋予苏小妹鲜活不朽的生命，这一美丽的传说，也将永久传颂下去。

## 与佛结缘

东坡居士在历史上绝对可称家喻户晓大名鼎鼎明星级的人物，这位居士一生与佛家结缘，为后世留下了诸多与佛家有关的别开生面的故事，让后人读来津津乐道。既然这位大师与佛家有着不解之缘，那他是否曾想过落发当和尚？回答这个问题之前，先聊聊东坡居士与佛家的一些故事……

## 风情百样 苏东坡

明代作家魏学洢撰写的文章《核舟记》，文中有"船头坐三人，中峨冠而多髯者为东坡，佛印居右，鲁直居左"之句，所说的佛印是一位僧人。他与苏东坡同一个时代，是一位佛学、文学都有很高造诣的高僧，宋神宗曾颁赐他一个"高丽磨纳金钵"，以表扬他在弘扬佛法中所作出的成就。世人知道这位高僧，却是因他的名字和苏东坡紧紧地连在一起。

苏东坡在黄州时，作了一首赞佛的诗：

稽首天中天，毫光照大千。

八风吹不动，端坐紫金莲。

东坡的这首诗明在赞佛，实际在说自己也能和佛一般端坐紫金莲的，暗含着作者超然大气的境界，尤其是"八风吹不动"一句（八风：利、衰、毁、誉、称、讥、苦、乐），喻示他已达到了心能转物而不为物转的地步，能像佛陀一样坚如磐石。东坡叫人把这首诗送给佛印禅师看。佛印看到苏东坡的这首诗，写上"放屁"两字，叫来人带回。苏东坡十分恼怒，亲自去找佛印禅师理论，一直奔到禅师的方丈室，忽然发现门上贴着一张字条，写着："八风吹不动，一屁过江来。"苏东坡立时幡然醒悟，感到惭愧和肤浅。

还有一桩事，佛印禅师正要讲经时，苏东坡穿着整齐的官服走来。

佛印对苏东坡说："苏居士，你来的不是时候，这里没有你的座位了。"

苏东坡知道这句话含着禅机，也就话里有话答道："既然这样，为什么不借四大（地、水、火、风）当座位，让我一坐呢？"

佛印禅师说："也好。但我有个问题问你，你若答得出，我就借你；若回答不出，你身上的那条玉带，就要留在这里做纪念。"佛印禅师问道："居士要借四大来做座位，居士是懂得佛法的，佛经上说：'四大皆空，五蕴（色、受、想、行、识）无我。'请问居士朝哪儿去坐呢？"

苏东坡一时语塞，只好解下神宗皇帝赏赐的玉带送给佛印。那条玉带，长约二尺，宽约二寸，带上缀着米色的玉石，精美绝伦，现保存在金山寺中，供人观赏。

苏东坡一生漂泊无定，足迹所到之处，只要有寺庙，他都会前往游览广交僧侣禅师。因此，东坡居士不仅仅有佛印一个佛家朋友，他与很多位高僧都有来往。

宋神宗元丰三年（1080年），苏东坡被贬黄州期间，住在定惠院，与参寥禅师经常谈论佛法，作《记游定惠院》："黄州定惠院东小山上，有海棠一株，特繁茂。每岁盛开，必携客置酒，已五醉其下矣。今年复与参寥师及二三子访焉……"

东坡与参寥一起游览寿星寺时还说道："我前世是山中的僧人，曾经就在这所寺院中。"此后，苏东坡便经常到这所寺院小憩。

东坡再次遭贬谪经过庐山时，去东林寺拜访了常总禅师，跟他谈论佛法，东坡作偈一首：

溪声便是广长舌，山色岂非清净身。
夜来八万四千偈，他日如何举似人？

"广长舌"是佛陀善于说法的象征，"清静身"指佛体。

在东坡病重生命弥留之际，径山寺住持维琳不远千里来看望他，为他诵经祈祷。苏轼作《答径山琳长老》一诗赠维琳长老。

风情百样 苏东坡

> 与君皆丙子，各已三万日。
> 一日一千偈，电往那容诘。
> 大患缘有身，无身则无疾。
> 平生笑罗什，神咒真浪出。

长老不解末两句典故，东坡说："天竺高僧鸠摩罗什病危时，作得三道神咒嘱咐弟子们诵读解痛，没有任何效果。"东坡认为此举滑稽可笑，明确表明他自己不相信这些。

佛家把人生比喻为"如梦、如幻、如泡、如影、如露、如电"的"六如"。东坡追求的却是"生谓之宅，死谓之墟"，参透生死、人我两忘的"真吾"境界。他在《六观堂老人草书》中说："物生有象象乃滋，梦幻无根成斯须。方其梦时了非无，泡影一失幻影殊。清露未晞电已阻，此灭此尽乃真吾。"东坡自言拈花破颜，无师自通。"若要了心，无心可了。无了之心，才是真了。"

佛印对东坡苦心劝化点悟，一直不离不弃。苏东坡移居惠州，佛印禅师写信给他，说："人生世间，如白驹过隙。三二十年，功名富贵，转眼成空，何不一笔勾断，寻取自家本来面目？万劫常住，永无堕落。"这几句话，是劝苏东坡放下万缘脱离红尘修行佛法。然而，东坡终未能像后世的李叔同那样来个华丽决绝的转身。

东坡59岁时再贬至惠州安置。南迁路上，他拜谒了曹溪南华寺，写下《南华寺》：

> 云何见祖师，要识本来面。
> 亭亭塔中人，问我何所见？
> 可怜明上座，万法了一电。
> 饮水既自知，指月无复眩。

> 我本修行人，三世积精炼。
> 中间一念失，受此百年谴。
> 抠衣礼真相，感动泪雨霰。
> 借师锡端泉，洗我绮语砚。

苏轼研读佛教经典，深悟佛学要意，自号东坡居士，自称"洗心归佛祖"，他曾经常到佛寺焚香打坐，体味物我两忘、身心皆空的境界。他的禅话被收入禅门语录，他本人也被看做是临济宗黄龙派东林常总的继承人。

在屡次遭受贬谪中他用"万物皆幻"来为自己解脱，既然万物皆幻，欢喜忧愁升降沉浮都无所谓。东坡也不是没有想过出家当和尚，也曾想过要"归诚佛僧"。东坡在《黄州安国寺记》中就表露出这样的想法：

> 盍归诚佛僧，求一洗之？得城南精舍曰安国寺，有茂林修竹，陂池亭榭。间一二日，辄往焚香默坐，深自省察，则物我相忘，身心皆空，求罪垢所从生而不可得。一念清净，染污自落，表里翛然，无所附丽。

这段话是东坡被贬官黄州之后，闭门思过，东坡感到自己"不合时宜的毛病"改不过来，改了一，还有其二；就是现在改了，恐怕今后还会再犯。还不如来个彻底的，"归诚佛僧"。表露出自己干脆皈依佛僧出家当和尚，来个彻底洗涤改头换面，换一个活法，换一种人生，解脱那些萦绕一生无法解脱的痛苦。

苏辙在《亡兄子瞻端明墓志铭》中说："初好贾谊、陆贽书，论古今治乱，不为空言，既而读《庄子》，谓然叹息曰：'吾昔有见于中，口未能言，今见《庄子》，得吾心

风情百样 苏东坡

矣。'……后读释氏书,深悟实相,参之孔、老,博辩无碍,浩然不见其涯也。"从这段文字可见苏轼思想的转变过程,他先是学习儒家思想,重实用之学,不学无用的空言。后对庄子的道家感兴趣,觉得与他的心境共鸣。而接触佛家经典之后,感到佛家思想超越儒、道,能够博辩无所不能,茫茫不见边际。可见佛家思想对东坡的巨大影响。

苏东坡大半生处在党争中,满肚子的不合时宜,屡受打击无法施展自己的理想抱负,仕途上郁闷不得志。因此,在东坡浪迹江湖的羁旅中,谈禅说偈无疑是他自我解脱的一剂良方。他与和尚来往频繁,与和尚吟诗交流,谈论佛道,在佛家精神家园里寻找一种解脱,用"万物皆幻"的思想麻醉自己借此消愁。仅是以佛家的处世态度处世哲学,作为解脱自己烦恼的工具。虽然在他人生轨迹中表露出佛家影响,但他内心深处思想主旨仍然是传统正统的儒家思想,"一切都可说,都可说个明白"。

反之,东坡认为和尚的"不可知"、"不可说"、"不可捕捉"都是故弄玄虚是不可当真的,都是一些"荒唐之言"。因此他对这样的和尚是大不恭敬的,"辄反复折困之""面颈发赤",就是说反复折磨这些和尚,给他们出难题让他们难堪,这位东坡居士这样说的也是这样做的:"吾之于僧,慢辱不信如此。"他对佛教的那套清规戒律也不认可,他曾说佛教的那些清规戒律都是给那些"愚夫未达者设"的,他自己是绝对不相信的。

人生到处知何似,应似飞鸿踏雪泥。
泥上偶然留指爪,飞鸿那复计东西?
老僧已死成新塔,坏壁无由见旧题。

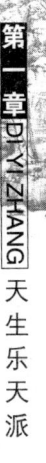

往日崎岖还记否？路长人困蹇驴嘶。

东坡又是一个矛盾十分突出的结合体。他在上面这首《和子由渑池怀旧》一诗中又表示，不仅具体的生活行无定踪，整个人生也充满了不可知，就像鸿雁在飞行过程中，偶一驻足雪上，留下印迹，而鸿飞雪化，一切又都不复存在。这才是真正的人生归宿。

东坡一直怀有一颗济世安民的心，他的内心深处还有封建士大夫根深蒂固的忠君思想，东坡一直期盼自己能够为北宋王朝的强盛奉献自己的才智。

东坡以天下和黎民为念，他的一生一直不能完全超脱于"致君尧舜上，再使风俗淳"的理想之外，也无法摆脱那种"处江湖之远，则思其君；居庙堂之高，则忧其民"士大夫思想的左右，因而不是追求那种个人两耳不闻窗外事独善其身的生存方式。

"修身、齐家、治国、平天下"，"会挽雕弓如满月，西北望，射天狼。"这是东坡先生人生奋斗的终极目标。

不相信佛家所说的那些虚无幻想；只从内心感激佛家对他的帮助解脱。"东坡向佛，心中无佛"这就是东坡居士对佛家真实矛盾的态度。

这样说来，苏东坡怎么可能落发出家去当和尚呢？你说是不是？

## 不写墓志

苏轼是中国文学史上少有的天才，多面手。他

## 风情百样 苏东坡

文采飞扬才华横溢，诗词、歌赋、散文、随笔、游记、政论、史论、杂说、书信等无论哪一种文体在他笔下都能达到行云流水挥洒自如轻灵飘逸的境界，或形成飞沙走石长虹贯日气势磅礴的效果。但这位大师有一种文体最不愿意写，这是哪一种文体呢？

苏轼在《祭张文定公文》中说："轼于天下，未尝志墓。独铭五人，皆盛德故。"

苏轼写过五个人的墓志铭，这五人是：富弼、司马光、赵抃、范镇及张方平。另外，替张方平分别给赵庸敬、滕元发二人撰写墓志铭各一篇，代韩持国作刘夫人墓志铭。给富弼、司马光、赵抃三人还撰写了神道碑。

《眉州小集》中有一篇奏文，是苏东坡向宋哲宗推辞再写墓志铭的指派。苏轼说："臣一生本来是不愿意为人撰写行状、墓志、墓碑碑文的，这是士大夫们尽人皆知的事。臣奉诏为司马光、富弼等人撰写墓志铭，是不能推辞的。然而，这终究不是臣的心愿。况且，而今臣年老体弱多病，学业荒废，文辞低下浅薄，不能满足作为子孙希望宣扬亲人功德恩泽的夙愿。因此，恳请皇上另外挑选有能力的人去写，以免去臣这个不愿意干的差使。"

墓志文字主旨都是赞誉亡故者，但多为言不由衷的陈词滥调，而且没有什么文学价值，写此等文字古人每称之为"谄媚死者"。东坡居士对古人"谄媚死者"的墓志铭很反感，认为这会给后世留下错误的印象，让人轻视了自己。因此，苏轼一生不轻易给别人写墓志铭、神道碑等应酬文字，哪怕是王爷求他也不写。

苏轼敬仰的唐朝文学大师韩愈却是深谙写墓志铭的好处。韩老夫子写的一篇《平淮西碑》，石刻主人韩弘馈赠他五百匹绢。写《王用碑》，王用的儿子馈赠他一匹带鞍的宝马和一条白玉带。当时上至帝王下至权贵，都以得其碑文为荣耀。

韩老夫子生前好友刘禹锡在他去世后写的悼文中这样写道："公鼎侯碑，志隧表阡，一字之价，辇金如山。"就连他的弟子也讥讽他写的都是阿谀奉承的"谀墓"。韩愈一生究竟作了多少碑志？据其门弟子李汉统计，共有"碑志七十六"，现存七十五篇，占其诗文总数的十分之一。

苏轼本来看不起韩愈热衷于写墓志以得人馈赠。元祐年间，苏轼应潮州知州王涤之请，作《潮州昌黎伯韩文公庙碑》时对这位大家进行了一番"赞扬"。

"公之精诚能开衡山之云，而不能回宪宗之惑；能驯鳄鱼之暴，而不能弭皇甫镈、李逢吉之谤；能信于南海之民，庙食百世，而不能使其身一日安于朝廷之上。"

苏轼在这里借韩愈以抒发感慨，因为他也是"不能使其身一日安之于朝廷之上"。

洪迈的《容斋随笔》说："刘梦得、李习之、皇甫持正、李汉，皆称颂韩公之文，各极其势。……及东坡之碑一出，而后众说尽废。"在所有称颂韩愈的文章中，苏轼的文字一出，则其他文字黯然失色，无可争辉。

上面说苏轼自己认可一共写过五篇墓志，另外替张方平撰写两篇。其实准确地说苏轼还为他的两位妻子和一位侍妾写过墓志铭。

这三篇墓志铭不是应酬，不是朝廷交代的任务，而是苏

风情百样 苏东坡

轼发自内心写给三个与他生命息息相关的最重要的女人的。另外,他还为两位妻子、侍妾朝云、乳母任氏、保姆杨氏写过墓志铭。这样算来,苏轼一生共写过十几篇墓志铭和墓志文字,和他一生创作的2700余首诗、1700多首词、800多封书信,各种文章数以千计相比仅占了极小的比例。

苏轼的第一位妻子王弗知礼贤淑,精明平实,是苏轼生活中很出色的助手。苏轼勤读苦学,她总是陪伴终日,苏轼偶有遗忘,她都能从旁提醒,苏轼问她其他书籍,她也知其所放之处。王弗26岁那年不幸病逝,遗有一子苏迈。苏轼与王弗共同生活了11年,王弗去世后,苏轼一直不能忘怀,苏轼为王弗作《亡妻王氏墓志铭》。在王弗死后的第十个周年,正当苏轼调知密州(今山东诸城)的孤寂失意的日子里,在梦中又依稀见到了久别的妻子,写下了千古悲歌《江城子·十年生死两茫茫》:

十年生死两茫茫,不思量,自难忘。千里孤坟,无处话凄凉。纵使相逢应不识,尘满面,鬓如霜。

夜来幽梦忽还乡,小轩窗,正梳妆。相顾无言,惟有泪千行。料得年年肠断处,明月夜,短松冈。

第二位妻子王闰之是王弗的堂妹,比苏东坡小11岁。她秉性十分柔和,遇事顺随,容易满足,在丈夫宦海浮沉的生活里,一直与丈夫同甘共苦,陪伴着他走过了人生中特别重要的25年,王闰之爱惜后代"三子如一,爱出于天"。苏东坡为其写了祭文《祭亡妻同安郡君文》。十年后,苏辙把她的遗骸与东坡的尸骨埋到了同一个坟墓里,圆了东坡生前在祭文中"惟有同穴"的誓愿。

妻子王闰之嫁给东坡后,在杭州买了一个只有12岁的非常聪明的丫鬟，这个丫鬟就是王朝云，由此铸就了一个风流千古的美丽传说。苏东坡后把朝云收为侍妾，可以说朝云是东坡的红颜知己，精神上的挚友。苏东坡总是称朝云为"天女维摩"（表示一尘不染之意）。朝云三十四岁得传染病不幸身亡，那年苏东坡六十岁。作侍妾王朝云《朝云墓志铭》。

其实，苏轼不愿意写墓志这是他做人的一个原则，也是更让后世瞻仰尊敬他的一个原因。从这些仅存的墓志文字中，让后世欣赏到苏轼的另一种文风文字，这对后世来说也是一种幸事。

苏轼豪放不羁的人格魅力、文学成就使他千百年来拥有无数的"东坡粉丝"。人们对苏轼的才思泉涌万分钦佩，莫不渴盼探知一些苏轼成文的奥妙，苏轼在《文说》一文中总结了自己的写作经验，有一段话很精辟：

> 吾文如万斛泉源，不择地皆可出。在平地，滔滔汩汩，虽一日千里无难。及其与山石曲折，随物赋形，而不可知也。所可知者，常行于所当行，常止于不可不止，如是而已矣！其他，虽吾亦不能知也。

他在《江行唱和集序》中的另一段话与上述的话相补充。

> 夫昔之为文者，非能为之为工，乃不能不为之为工也。山川之有云雾，草木之有华实，充满勃郁而见于外，夫虽欲无有，其可得耶？

苏轼说，他的文章都是在"不能不为"的情况下写的，性情所至不吐不快，因而文如泉涌，以至"不择地而出"。文学技巧大概可以学习一二，可一千年只出了一个苏东坡，

风情百样 苏东坡

这是能学习的吗?

在苏轼仅作的几篇碑传中,也有脍炙人口的传世篇章。《方山子传》就是著名的一篇,此篇文章是苏轼贬官黄州时作的。

方山子,光、黄间隐人也。少时慕朱家、郭解为人,闾里之侠皆宗之。稍壮,折节读书,欲以此驰骋当世,然终不遇。晚乃遁于光、黄间,曰岐亭。庵居蔬食,不与世相闻;弃车马,毁冠服,徒步往来山中,人莫识也。见其所著帽,方屋而高,曰:"此岂古方山冠之遗像乎?"因谓之方山子。

余谪居于黄,过岐亭,适见焉。曰:"呜呼!此吾故人陈慥季常也,何为而在此?"方山子亦矍然,问余所以至此者,余告之故。俯而不答,仰而笑。呼余宿其家,环堵萧然,而妻子奴婢,皆有自得之意。余既耸然异之。独念方山子少时,使酒好剑,用财如粪土。前十有九年,余在岐下,见方山子从两骑,挟二矢,游西山。鹊起于前,使骑逐而射之,不获;方山子怒马独出,一发得之。因与余马上论用兵及古今成败,自谓一世豪士。今几日耳,精悍之色犹见于眉间,而岂山中之人哉?

然方山子世有勋阀,当得官,使从事于其间,今已显闻。而其家在洛阳,园宅壮丽与公侯等;河北有田,岁得帛千匹,亦足富乐。皆弃不取,独来穷山中,此岂无得而然哉?

余闻光、黄间多异人,往往佯狂垢污。不可得而见;方山子傥见之与?

这篇古文的译文:"方山子,是光州、黄州一带的隐士。年轻时,仰慕汉代游侠朱家、郭解的为人,乡里的游侠之士都尊崇他。年岁稍长,改变志趣,发愤读书,想以此来驰名当代,但是一直没有交上好运。到了晚年才隐居在光州、黄州一带名叫岐亭的地方。住茅屋,吃素食,不与社会各界来往。放弃坐车骑马,毁坏书生衣帽,徒步来往于山里,没有人认识他。人们见他戴的帽子上面方方的且又很高,说:'这不就是古代乐师戴的方山冠遗留下来的样子吗?'因此就称他为'方山子'。

"我因贬官居住在黄州,有一次经过岐亭时,正巧碰见了他。我说:'哎哟,这是我的老朋友陈慥陈季常呀,怎么会住在这里的呢?'方山子也惊讶地问我到这里来的原因。我把原因告诉了他,他低头不语,继而仰天大笑,请我住到他家去。他的家里四壁萧条,然而他的妻子儿女奴仆都显出怡然自得的样子。我对此感到十分惊异。回想起方山子年轻的时候,酗酒任性,喜欢使剑,挥金如土的游侠之士。十九年前,我在岐下,见到方山子带着两名骑马随从,身藏两箭,在西山游猎。只见前方一鹊飞起,他便叫随从追赶射鹊,未能射中。方山子拉紧缰绳,独自跃马向前,一箭射中飞鹊。他就在马上与我谈论起用兵之道及古今成败之事,自认为是一代豪杰。虽然到现在又过了多少日子了,但那股英气勃勃的神色,依然在他的眉宇间显现,这怎么会是一位蛰居隐居山中的人呢?

"方山子出身于世代功勋之家,理应有官做,假如他能置身官场,到现在已得声名显赫了。他原有家在洛阳,园林宅舍雄伟富丽,可与公侯之家相比。在河北地方还有田地,

风情百样 苏东坡

每年可得上千匹的丝帛收入,这些也足以使生活富裕安乐了。然而他都抛开不去享用,偏偏要来到穷僻的山里,这难道不是因为他独有会心之处才会如此的吗?

"我听说光州、黄州一带有很多奇人逸士,常常假装疯癫、衣衫破旧,但是无法见到他们,方山子或许能遇见他们吧。"

苏轼在文中向世人讲解了方山子这位"隐人"看破红尘、蔑视宦海浮沉的境界;展示了方山子视富贵如浮云的品德。这篇短文仅四百多字,便把方山子(陈慥)这位"异人"活灵活现地展现在读者面前。

## 天下第三

提起苏东坡,人们大都会说他是中国文学艺术史上罕见的全才,是文学艺术造诣最杰出的大家之一。人们大都言他的诗词歌赋,而忽略了他的书法。"天下第一行书",自是无可比拟无人争锋的《兰亭序》,这是王羲之"曲水流觞"淋漓畅快下书就的潇洒飘逸惊若游龙传世名篇。颜真卿在极其悲愤的心情下,以胸中剑气挥就血色苍茫的《祭侄稿》,被誉为"天下第二行书"。苏东坡的书法和王羲之、颜真卿这两位书法巨擘相比差距有多大呢?

《黄州寒食诗帖》书作于宋神宗元丰五年(公元1082年),苏东坡因为"乌台诗案"遭贬至黄州任团练副使,在黄州已经生活了三年，东坡在精神上感到寂寞，心情郁闷郁郁不得志，生活清苦穷困潦倒，在这一年的清明寒食节作了两首五言诗。

### 其一

自我来黄州，已过三寒食。
年年欲惜春，春去不容惜。
今年又苦雨，两月秋萧瑟。
卧闻海棠花，泥污燕支雪。
暗中偷负去，夜半真有力。
何殊病少年，病起头已白。

### 其二

春江欲入户，雨势来不已。
小屋如渔舟，蒙蒙水云里。
空庖煮寒菜，破灶烧湿苇。
那知是寒食，但见乌衔纸。
君门深九重，坟墓在万里。
也拟哭途穷，死灰吹不起。

东坡的这两首诗写得苍凉惆怅，第一首诗描写自己到黄州三年三度寒食节，自己心情沮丧到了顶点，病后起来头发都已白了。第二首写得更是凄苦，屋子如行驶在雨中的渔船，厨房炉灶烧的芦苇是湿透的，锅里煮的菜是冰冷的，东坡觉得自己已经到了穷途末路。东坡一生历经艰难，但他始终以从容、潇洒、旷达的心态来面对一切挫折，从来没有被打倒。像这样悲观失望表达自己的情绪，在他的人生中很少见。但正是这方面的存在才正说明是个有血有肉的"凡人"，是一个和每个人都一样的血肉之躯。这也正是东坡给人印象

风情百样 苏东坡

最真实的一面。

东坡在这种心情下挥就了《黄州寒食诗帖》。这幅书法作品宣泄着东坡起伏的情绪，有感而发，通篇起伏跌宕，迅疾而稳健，痛快淋漓，气势磅礴，一气呵成。苏轼将诗句心境情感的变化，寓于点画线条的变化中，墨色随诗句所表达的环境氛围变化而变化，渗透出诗句中那种苍凉悲凄的境界。转换多变，顺手断联，浑然天成。其结字亦奇亦正，或大或小，或疏或密，有轻有重，有宽有窄，参差错落，恣肆奇崛，变化万千。这些特色使《黄州寒食诗帖》成为千古名作。

黄庭坚在此帖作跋《黄州寒食诗跋》，"东坡此诗似李太白，犹恐太白有未到处；此书兼颜鲁公、杨少师、李西台笔意；试使东坡复为之，未必及此。"

明代书法家董其昌也作有跋语赞曰："余生平见东坡先生真迹不下三十余卷，必以此为甲观。"

《黄州寒食诗帖》是苏轼书法作品中的上乘，在书法史上产生很大影响，元朝鲜于枢把它称为继《兰亭序》《祭侄稿》之后的"天下第三行书"，这一赞誉得到后世的公认。

董其昌评论东坡在黄州书法创作的另一佳作《前赤壁赋卷》说："此赋，楚骚之一变；此书，兰亭之一变。"

黄庭坚说，东坡的书法"其书姿媚，至酒酣放浪，意忘工拙，字特瘦劲……至于笔圆而韵胜，挟以文章妙天下，忠义贯日月之气，本朝善书，自当推为第一"。董其昌更是推崇，"全用正锋，是坡公之兰亭也"。赵孟頫钦佩东坡熙宁年间写的《治平帖》，"字画风流韵胜"。后世称东坡的书法之美在于"淳古道劲""藏巧于拙""体度庄安，气象雍裕""气势欹倾而神气横溢"，无不赞誉东坡书法独特之"气韵"。

"东坡先生少日学兰亭，中岁喜学颜鲁公。"黄庭坚说东坡少时学兰亭，中年学颜真卿，书法根底于此。东坡对颜真卿的人品十分崇敬，认为书法首先要表现的是像颜真卿那样的为人刚直精神和凛然之气。他说："吾观颜公书，未尝不想见其风采，非徒得其为人而已，凛乎若见其诮卢杞而叱希烈。"以至爱屋及乌，也极力推崇颜体书法，"诗至于杜子美，文至于韩退之，书至于颜鲁公，画至于吴道子，而古今之变、天下之能事毕矣。"因而东坡的书法作品始终表露出颜体的影响。

东坡的字看似朴素平实，但有一股无拘无束、汪洋浩荡的气势。他长于行书、楷书，笔法丰满劲骨，变化自然，给人以"古槎怪石之形"的艺术美感。苏轼早年学"二王"，中年以后学颜真卿、杨凝式，晚年又学李北海，又广泛研究了晋唐其他书家，形成自己深厚朴拙的风格。他的书法，用笔多取侧势，表现出的特点是字形结体丰肥扁阔，右枯左秀，给人笔墨酣畅、风神潇洒、高雅华丽感情强烈之感。这也是东坡个性最求创新的使然，东坡凡事都喜欢有自己的特点，有自己的"印迹"。

宋代出现了很多著名的书法家，范仲淹、蔡襄、米芾、黄庭坚、赵佶、岳飞，这其中以苏东坡最为著名，东坡的书法名列北宋四大书法家"苏、黄、米、蔡"之首，他的书法被后人称为"苏体"。

杨万里《诚斋诗话》记载有米芾对东坡书法的评价。

风情百样 苏东坡

徽宗尝问米芾:"怎样评价苏轼的书法?"米芾回答说:"画。"

"黄庭坚的书法又如何呢?"米芾回答说:"描。"

"你的书法又如何呢?"米芾回答说:"刷。"

东坡在《石苍舒醉墨堂》诗谈及自己书法创作时,写道:"我书意造本无法,点画信手烦推求。"提倡书法艺术要摆脱传统定式的束缚,要讲究意之所至,自由创造。追求意趣的书法风格是东坡书法的表现形式。苏东坡对自己有别于晋人、唐人的尚意的书法表现很是自得,他常在作品后面留白数尺,为后世鉴赏作跋留好位置。曾书:"此纸可裁钱祭鬼,东坡试笔,偶书其上,后五百年,当成百金之直。"孤芳自赏的神情溢于言表。

东坡也很欣赏钟繇、王羲之的书法,他认为"萧散简远,妙在笔画之外";他一直反对唐人讲究法度的条条框框,自己书作与严谨的唐楷大相径庭,不仅字形多欹侧而向左倾斜,且笔法自然不拘、多带行书意,在创作上发挥了最大的自由。《寒食诗帖》被看做是宋人书法与唐人书法泾渭分明的分界线。对于自己的书法创新,他曾颇为自得地说:"吾书虽不甚佳,然自出新意,不践古人,是一快也。"

苏东坡与同时代书法家米芾的故事流传很广。东坡和米芾的友谊是很深的,苏轼被贬黄州时,米芾去拜访求教,东坡劝他学晋。从元丰五年(1082年)开始,米芾潜心专研魏晋,揣摩晋人法帖,以晋人书风为方向,连其书斋也取名为"宝晋斋"。

苏东坡任扬州知州时,曾宴会宾客,这其中就有米芾,大家酒宴正酣,突然米芾举杯对着苏东坡大呼暂停:"众人都说我疯癫，请先生给我评个公道。"苏东坡笑答："我从众。"结果举座大乐，米芾也跟着大笑起来。可见两人之交的随意。

东坡被贬迁至定州时路过雍丘（今河南杞县），时任该县县令的米芾邀请他，苏东坡欣然赴邀。

遗憾的是，后世没有看到这两位大家这天留下来的墨宝。

当东坡在真州一次和米芾意外相逢时，兴奋之情溢于言表，他说：

"岭海八年，亲友旷绝，亦未尝关念。独念吾元章迈往凌云之气，清雄绝俗之文，超妙入神之字，以洗我积年瘴毒耶！今真见之，余无足言者。"

东坡在临终前还给米芾写了几封书信："某食则胀，不食则羸甚，昨夜通旦不交睫，端坐饱蚊子耳。不知今夕如何度。"（《与米元章》）

东坡的书法观也表现出儒家"书为小道"的看法，他反对"弃百事而以学书为事业"，绝对不去想成什么一技之长的书家。因此，东坡虽然钟爱书法并为之付出一定努力，但书法在他心中始终未能放在与文学同等地位上。

苏东坡在《东坡题跋》卷四上卷《评草书》上评价自己的书画：

"书初无意于佳乃佳尔。草书虽是积学乃成，然要是出于欲速。古人云：匆匆不及草书。此语非是。若匆匆不及，乃是平时亦有意于学。此弊之极，遂至于周越仲翼，无足怪者。吾书虽不甚佳，然自出新意，不践古人，是一快也。"

东坡认为最好的书法是在无意识下不要苛求的状态下写成的。草书虽然是在练好基本功之后才可以写的，但重要的

风情百样 苏东坡

一点是写草书笔意要快。古人说：匆匆之间是写不好草书的。我认为这种说法是不正确的。

东坡在《杂记·子由幼达》一文中曾说："子由之达，盖自幼而然。方先君与吾笃好书画，每有所获，真以为乐。惟子由观之，漠然不甚经意。今日有先见，固宜也。"在《题笔阵图》中，说得更是直截了当："笔墨之迹托于有形，有形则有弊，偶不至于无而自乐于一时，聊寓其心，忘忧晚岁，则犹贤于博弈也。"这就是说，从书法家的主体心理而言，一旦"有意于学"，就会束手束脚妨碍主体精神意趣的表现。唯有"忘"之才能有自由的表现。只有在"初不经意"、"信手自然"的书法创作活动中，书法家才能够自然而然地创作出好的书法作品。

苏轼酒后作书所追求的是一种天性完足的精神状态。其《试笔》（一题《自笑》）诗云：

　　子石如琢玉，远烟真削黳。
　　入我病风手，玄云漼萋萋。
　　是中有何好，而我喜欲迷。
　　既似蜡屐阮，又如锻柳秘。
　　醉笔得天全，宛宛天投霓。
　　多谢中书君，伴我此幽栖。

在苏轼看来，书法只不过是一种技能而已。自己对书法的爱好如同阮籍喜蜡屐、嵇康好锻炼一样，本身并不是什么大事，而书法活动的真正意义则在于伴我安然处世，全我天然性情。

这样看来，东坡仅是把书法看成陶冶性情、消遣娱乐的业余爱好，"玩玩"罢了。

苏轼因元祐党人案受牵连，加上他孤芳自赏，招人嫉妒，蔡京主编的《宣和书谱》没有把苏轼列于书法家之列，不仅《宣和书谱》等对他没有记载，而且书法作品也被大量毁去。

历史是公正的，把苏轼书法列为"宋四家"之首，东坡在书法史上留下华丽完美的鸿影，留下浓墨重彩的一笔，无人能夺其光辉。

## 《日喻》传说

"盲人摸象"的寓言妇孺皆知，后以这个寓言来讽刺那些看问题以点代面、以偏概全、目光短浅的人。

一千年以前，我们的先哲、宋朝大文学家苏轼也曾写过一篇这样的寓言故事《苏东坡集·日喻》。这又是怎么回事呢？

古印度有这样一则寓言，有四个盲人很想知道大象是什么样子，可他们看不见，只好用手摸。

一个盲人先摸到了大象的牙齿，他高兴地说："我知道了，大象就像一个又大、又粗、又光滑的大萝卜。"

一个高个子盲人摸到的是大象的耳朵，他大声喊道，"不对，不对，大象明明是一把大蒲扇嘛！"

"你们说的都不对，大象只是根大柱子。"矮个子盲人摸到了大象的腿。

第四个盲人摸到的是大象的尾巴，他说，"大象哪有那

风情百样 苏东坡

么大,它只不过是一根草绳。"

这则"盲人摸象"的寓言妇孺皆知,后以这个寓言来讽刺那些看问题以点代面、以偏概全、目光短浅的人。

一千年以前,我们的先哲、宋朝大文学家苏轼也曾写过一篇这样的寓言故事《苏东坡集·日喻》。

> 生而眇者不识日,问之有目者,或告之曰:"日之状如铜盘。"扣盘而得其声,他日闻钟以为是日也。或告之曰"光如烛"。扪烛而得其形,他日揣龠以为日也。而眇者不知其异,以其未尝见之而求之人也。道之难见也甚于日,而人之未达耶,无以异于眇。达者告之,虽有巧譬善导,亦无以过于盘与烛也。自盘而之钟,自烛而之龠。转而相之,岂有既乎。故世之言道者,或即其所见而名之,或莫之见而意之,皆求道之过也……

这篇古文翻译如下:

有个人生下来就双目失明,不知道太阳是什么样子,就去问眼睛好的人。有人告诉他说:"太阳的形状像个大铜盆。"盲人回到家中就敲起了铜盆,盆子发出了声响。后来他听到钟声,以为这就是太阳了。又有人告诉他说:"太阳发光,就像蜡烛一样。"于是,盲人又去摸蜡烛,知道了蜡烛的形状。后来有一天,他摸到一根像箫一样的乐器,以为这就是太阳了。太阳与钟、箫般的乐器相差太远了,但是盲人不知道它们之间的区别,这是因为他根本没有见过太阳,只是向别人打听的缘故。

抽象的"道"难认识的情况,比太阳难认识更严重。而人们不通晓"道"的情况比生来就是瞎子认识太阳的情形没有什么不同。通晓的人告诉他，即使有巧妙的比喻和很好的启发诱导，也无法使这些比喻比用铜盘和用蜡烛来说明太阳好。从用铜盘比喻太阳而到把铜钟当作太阳，从把铜钟当做太阳而到把乐器龠当做太阳，像这样辗转连续地推导它，难道还有个完吗？所以世间大谈"道"的人，有的就他自己的理解来阐明它，有的没有理解它却主观猜度它，这都是研求"道"的弊病。

既然如此，那么这个"道"最终不可能求得吗？苏先生说："'道'能够通过自己的虚心学习，循序渐进使其自然来到，但不能不学而强求它。"什么叫做"致"？孙武说："会作战的将军能牵制左右敌人，而不被敌人将自己处于被动的境地。"子夏说："各行各业的手艺人坐在店铺作坊里，来完成他们制造和出售产品的业务；有才德的人刻苦学习，来使那'道'自然到来。"不是强求它而是使它自己到来，这就是"致"啊！

南方有很多能潜水的人，天天同水生活在一起，7岁就能蹚水过河，10岁就能浮在水面游泳，15岁就能潜入水里了。潜水的人能长时间地潜入水里，哪能是马虎草率而能这样的呢？一定是对水的活动规律有所领悟的。天天与水生活在一起，那么15岁就能掌握它的规律。生来不识水性，那么即使到了壮年见到了船就害怕它。所以北方的勇士，向南方潜水的人询问来求得他们能潜入水里的技术，按照他们说的技术到河里试验它，没有不淹死的。所以凡是不老老实实地刻苦学习而专力强求"道"的，都是像北方学潜水的人。从前以讲究声律的诗赋择取人才，所以读书人符合儒家墨家还兼及名家法家而不是立志在求儒家之道；现在以经学择取

人才,所以读书人只知道强求义理,而不是专力踏踏实实地学。

渤海人吴彦律,是有志对经学作实实在在地学习的人,正要到京城接受由礼部主管的进士考试,我写《日喻》来勉励他。

成语"盲翁扪籥",就是苏东坡讲的这个故事。

东坡在《日喻》这篇短文中,引经据典,用笔灵活,通过生动鲜明的故事来启发读者的想象,使读者对所要说的道理先有了感性认识,以一种别开生面、新鲜活泼的形象来感染读者,体现了东坡十分娴熟的驾驭古文的能力。

东坡以自己的亲身体验,告知后之学者做学问如果不通过自己刻苦钻研,亲身实践,注重自我本身的主观能动作用,而只是靠打听别人,随便相信别人,则不会了解问题的本质,不仅失于片面,而且还容易犯错误。这篇文章语言温和流畅,不同于一般古文的条条框框,没有板起面孔说教的味道,寓意于理娓娓道来,对人生诸多深层次的问题进行了探讨。

其实,我们根本没有必要拿"盲人摸象"来和东坡先生的文章作比较,东坡的这篇短文精彩、深刻、见地、发人深省的程度都是不言而喻的。

东坡涉足了当时文人士大夫所能涉足的所有领域,并都达到了极高的境界,表现出来的宽广博学让人钦佩。东坡无所不逮、无所不能的才气,旷古绝后。东坡的精神与思想,早已融入了历史与文化生生不息的发展创造和传承之中,不但影响着过去,影响着现在,还将影响着未来……

宋人范温评价苏东坡,说:"老坡作文,工于命意,必超然独立于众人之上。"后世得以欣赏到东坡这样"千古第一人"留下的多种多样的文学作品,真是幸莫大焉。

"上下五千年,一个苏东坡。"他的名字就是一座不朽的丰碑!

## 偶像轶事

从古至今,每个人都有自己喜欢的人,都有自己的偶像。苏东坡最崇拜的古代诗人是谁呢?东坡这个号是他效仿白居易而起的,那么,白居易就是苏东坡的偶像吗?看东坡先生生平和他留下的大量作品,白乐天还真不是东坡的偶像,他的偶像另有其人。

东坡在《范文正公文集叙》中说"自以八岁知敬爱公,今四十七年矣。彼三杰(欧阳修、韩琦、富弼)者,皆得从之游,而公独不识,以为平生之恨",无可否认,这证明东坡也是崇拜范仲淹的。但从东坡一生的足迹来说,在某个阶段他崇拜过白居易也崇拜过范仲淹,但看他的一生他崇拜的人还真不是这两位大师。东坡崇拜一生的人是"不为五斗米折腰"的东晋陶渊明。

东坡一生,最为推崇、反复称道的人是陶渊明。在东坡看来,李白、杜甫的诗作还在陶渊明之下。在取东坡居士这个号之前,他曾给自己取了一个与陶渊明有关系的号"鏖糟陂里陶靖节","陶靖节"就是陶渊明。这个名号由于生僻拗

风情百样 苏东坡

口又太长所以没有叫起来。他在《与王定国书》中说了这件事:"近于侧左得荒地数十亩,买牛一具,躬耕其中。今岁旱,米贵甚。近日方得雨,日夜垦辟,欲种麦,虽劳苦却亦有味。邻曲相逢欣欣,欲自号鏖糟陂里陶靖节,如何?"

东坡在《江城子》一词中说:"梦中了了醉中醒,只渊明,是前生。"说陶渊明是他的前生。他还说:"吾于渊明,岂独好其诗也哉?如其为人,实有感焉。"在写给弟弟苏辙的信中说:"渊明形神似我。"他对陶渊明不仅是出于诗风的倾慕,也有着人格上的真心膜拜。

提起陶渊明,东坡总是把自己置于学生的位置,"渊明吾师"、"欲以晚节师范其万一"。他越读陶诗,越觉得陶诗正好表现自己的情思和生活。

陶渊明写诗十分随意丝毫不做作、不拘泥,大象无形大巧若拙,在平淡中见工夫。苏东坡钦佩陶渊明,是因为东坡深知想要抵达这样的艺术境界,多少人都是可望而不可即的。李白、杜甫,包括东坡自己,都曾经写了多少名山大川的诗歌,但只是接近了陶诗的表象,并没能达到陶渊明富有开创性的揭示,"人与自然浑然一体""物我两忘"的境界。只有陶渊明才堪称"无我"之境的第一人。

东坡《书渊明羲农去我久诗》:"余闻江州东林寺,有陶渊明诗集,方欲遣人求之,而李江州忽送一部遗余,字大纸厚,甚可喜也,每体中不佳,辄取读,不过一篇,唯恐读尽后,无以自遣耳。"从这段话中可见东坡笃好渊明诗歌之深,仰慕之诚,崇拜之高。

东坡晚年非常推崇陶渊明,除了仰慕渊明淡雅、飘逸的诗风外,重要原因之一就是羡慕欣赏陶渊明无可比拟的性情真率、感情真挚。苏轼在《书李简夫诗集后》一文中说："孔子不取微子高，孟子不取于陵仲子，恶其不情也。陶渊明欲仕则仕，不以求仕为嫌；欲隐则隐，不以去之为高。饥则叩门而乞食，饱则鸡黍以迎客，古今贤之，贵其真也。"

陶渊明在临终时说："吾少而穷，每以家弊，东西游走。性刚才拙，与物多忤。"苏东坡说："吾真有此病，而不早自知，半生出仕，以犯世患，此所以深愧渊明，欲以晚节师范其万一也。"（苏辙《追和陶渊明诗引》）而东坡也终身保持真率孤傲的性格："拣尽寒枝不肯栖，寂寞沙洲冷。"《卜算子·咏梅》

苏东坡谪居海南时，曾经寄书给苏辙说："自古以来，已经有诗人写过模拟古人的作品，却没有人追和古人的诗。追和古人的诗，便从我东坡开始。"

在历史上，绝不是仅苏东坡一人对陶渊明的人格中"真性情"予以赞美，渊明之后历朝历代都有赞誉。但陶渊明在我国文学史上的地位，在他死后几十年里，并没有得到充分的肯定和承认。到了梁朝时，昭明太子萧统才亲自为陶渊明编集、作序、作传。《陶渊明集》是中国文学史上文人专集的第一部，萧统在《陶渊明集序》中称赞："其文章不群，辞采精拔，跌宕昭彰，独超众类，抑扬爽朗，莫如之京。"

隋唐时期才开始有越来越多的诗人喜欢陶渊明的诗文，对陶渊明的评价也越来越高。初唐田园诗人王绩就像陶渊明一样退隐田园以琴酒自娱。

唐朝的山水田园诗人孟浩然就十分崇拜陶渊明，他在《仲夏归汉南寄京邑旧游》中写道："赏读《高士传》，最佳陶征君，目耽田园趣，自谓羲皇人。"李白也有诗文表达了

风情百样 苏东坡

他的崇敬，《戏赠郑溧阳》，"陶令日日醉，不知五柳春。素琴本无弦，漉酒用葛巾。清风北窗下，自谓羲皇人。何时到栗里，一见平生亲。"谁又能说李白"安能摧眉折腰事权贵"的勇气没有受到渊明影响呢？安史之乱之后，杜甫过着颠沛流离的生活，他在《可惜》中写道："宽心应是酒，遣兴莫过诗。此意陶潜解，吾生后汝期。"把陶渊明视为知己。唐元和十年（815年）白居易被贬为江州司马，离陶渊明的家乡浔阳很近。白居易非常敬仰陶渊明的为人，他前去拜访了陶渊明的故居，在《访陶公旧宅》这首诗中用"尘垢不污玉，灵凤不啄腥"，赞扬了陶渊明高尚的人格，结尾发出"每逢陶姓人，使我心依然"的感慨。

嗜酒是中国古代文人的共性，这里肯定有陶渊明的影响。白居易效仿陶渊明的诗体创作了一些作品，他在《效陶潜体十六首》中有诗句："其他不可及，且效醉昏昏。"

陶渊明的历史地位到了北宋则是"忽如一夜春风来，柳暗花明又一村"，情况大有改观。欧阳修盛赞《归去来兮辞》说："晋无文章，唯陶渊明《归去来兮辞》。"欧阳修还说："吾爱陶渊明，爱酒又爱闲。"王安石曾说过陶渊明的诗"结庐在人境，而无车马喧。问君何能尔，心远地自偏"，"有诗人以来无此句者"。到了苏轼那里则是毫不掩饰表达了他对陶渊明的敬仰，他在《与苏辙书》中说："吾与诗人无所甚好，独好渊明之诗。渊明做诗不多，然其诗质而实绮，癯而实腴，自曹、刘、鲍、谢、李、杜诸人，皆莫过也。"苏东坡把陶诗放在李白、杜甫之上。

由于欧阳修、王安石、苏轼他们几乎是"组团"极力推崇陶渊明，加上他们在北宋文坛上具有至高无上的地位，

"居高声自远",三大家的褒扬对进一步确定陶渊明在中国文学史上的地位,无疑起到至关重要的影响。其中的苏东坡更是起到奠定乾坤的作用。

苏轼晚年在《与苏辙书》中说:"深愧渊明,欲以晚节师范其万一。"而陶渊明很轻松地就做到了"不为五斗米折腰",大隐于野。东坡钦佩陶渊明,是因为东坡本人做不到这一点。东坡是陶渊明真正的千古知音,但东坡从来没有想到过要做一个陶渊明那样的真正隐士。他一直想着乘九万里之风施展抱负,他为普度众生而无怨无悔饱受苦难,"屡犯世患","九死蛮荒",却不曾须臾脱离官场。直到苏东坡生命的最后一刻,仍在努力。这又证明,东坡的人格内涵因而比陶渊明更为丰富。这也绝不是陶渊明所能取代的。

## 文房四宝

对笔墨纸砚这文房四宝,苏东坡最钟爱的是哪一种呢?这位大名鼎鼎多才多艺的全才最喜欢的是——砚。东坡对砚台最有研究,也最钟爱。他生前收藏许多名贵的砚,有端砚、澄泥和歙砚,其中以端砚为贵。他还留下了不少关于砚的精辟论述及赞美文字。

苏东坡自小就与砚结下了不解之缘,他12岁时曾得到一块"天砚"。东坡作《天石砚铭(并序)》记载了这件事。

轼年十二时,于所居纱縠行宅隙地中,与群儿

**风情百样 苏东坡**

凿地为戏。得异石，如鱼，肤温莹，作浅碧色。表里皆细银星，扣之铿然。试以为砚，甚发墨，顾无贮水处。先君曰："是天砚也，有砚之德，而不足于形耳。"因以赐轼，曰："是文字之祥也。"轼宝而用之，且为铭曰：一受其戒，而不可更。或主于德，或全于形。均是二者，顾予安取？仰唇俯足，世固多有。元丰二年秋七月，予得罪下狱，家属流离，书籍散乱。明年至黄州，求砚不复得，以为失之矣。七年七月，舟行至当涂，发书笥，忽复见之。甚喜，以付迨、过。其匣虽不工，乃先君手刻其受砚处，而使工人就成之者，不可易也。

**译文：**

苏轼12岁的时候，在所住的纱縠寓所窄沟里，和一群少年做掘地的游戏。得到一块奇异的石头，形状像鱼，外表温润晶莹，为浅绿色。外表和里层都点缀着细小的银星，击打它就发出铿锵的声音。试着拿它当砚使，很能发墨，只是缺少贮水的地方。先父说："这是一方天然砚，具有砚的品质，就是形状不太完整罢了。"于是把他还给我，说："这是你文章发达的祥瑞之兆。"我十分珍爱地使用它，而且为它写了篇铭文说：一旦接受了上天的造就，就永远不再改变初衷。或以品德为高，或要保全形体。如果两者都有，那我取法什么？仰人鼻息跪人脚下，这样的人世上多的是。元丰二年秋七月，我获罪入狱，家属流离失所，书籍也丢失散乱。次年来到黄州，寻找我那方砚台，却怎么也找不到，以为把它丢失了。元丰七年七月，乘船到当涂，打开书箱，忽然又见到了它。非常高兴，于是把它交给儿子苏迨和苏过。装砚的匣子虽然不十分精致，却是先父亲手刻的得到此砚的地方，并命匠人按砚的形状做的，不能更换。

清乾隆五十四年（1789年）进士伊秉绶，曾获得一方东坡的砚台，奉为至宝。后来，他在砚底左侧亲笔题刻两行文字："嘉庆五年，修白鹤峰东坡故居，得此砚于墨沼，汀州伊秉绶记。"白鹤峰是东坡被贬惠州时居住的地方。从砚铭可知，此砚是伊秉绶在惠州上任得到的。伊氏得砚后第二年带着砚进都城，请当时负有盛名的古物鉴识家翁方纲鉴别。翁方纲验证确认此砚确实是东坡遗砚，翁方纲在砚盒上题铭："东坡先生德有邻堂之砚，先生书名在焉。惠州守伊公得之，盖去先生寓此七百有五年。辛酉四月翁方纲铭。"此砚成伊氏传家之宝。这方砚石呈紫色，长21厘米，宽10厘米，厚2厘米。面沾饰纹古朴，砚端有一方形小水槽，研磨处微凹。砚底边缘作弧状，四角有略为突起曲形砚脚，中间刻有行草"轼"字和阴文篆书"德有邻堂"的字样。砚盒是红木做的，十分精美。

苏东坡曾经用过的端砚还有一方遗留到今世，这方端砚长22厘米，宽13.5厘米，呈瓦形状，色泽如猪肝，中有冰纹，敲击有铿锵之声，犹如石磬。正上方雕有一独角兽，面如狮，下巴有须，五爪登云，二目观日。正面左侧镌刻东坡亲书的行楷"金声玉质，卉垂于瑕"，左下方落有苏轼两字，并有藏宝篆书小印一方，背后上方为"后朵阁瓦"。时间为宋哲宗元符三年（1100年）仲秋，也就是宋徽宗赵佶即位之年。

北宋熙宁年间，太原王颐赠送苏东坡一方"凤味砚"，这方砚"涵清泉，閟重谷。声如铜，色如铁。性滑坚，善凝

风情百样 苏东坡

墨"。东坡对其爱不释手,作《凤咮砚铭》说:"残璋断璧泽而黟,治为书砚美无有。至珍惊世初莫售,黑眉黄眼争妍陋。苏子一见名凤咮,坐令龙尾羞牛后。"

元大都遗址中出土的一方紫金砚,呈风字形,背面刻有铭文:"此琅琊紫金石制,在诸石之上,皆以为端,非也。"苏轼得到米芾的这方紫金石砚,嘱咐其子将此砚作为他的随葬品入棺,可见东坡对此砚厚爱至极。后来米芾又得到此砚,说:"传世之物,岂可与清静圆明、本来妙觉、真常之性同去住哉?"此砚现存北京故宫博物院。

苏东坡用家传宝剑换张近龙尾子石砚后,表露了他对砚台喜爱的心声。他说:"仆少时好书画笔砚之类,如好声色,壮大渐知自笑,至老无复此病。昨日见张君卵石砚,辄复萌此意,卒以剑易之。既得之,亦复何益?乃知习气难除尽也。"

苏东坡绝对是个"痴砚",一生也未改变,正是那句"习气难除尽也"。苏东坡一生访砚、藏砚、刻砚、赏砚,乐之不厌,"东坡得砚"也成了画家驰骋想象的一个题材,任伯年、齐白石、傅抱石、范曾等大家都曾描绘过。

其实,不只是苏东坡喜欢砚台,历代文人墨客、上流社会中,都有"品砚、评砚、痴砚"的嗜好。文人学士把太多的赏识与歌咏赋予了砚,也留下许多佳话,从而使它在四宝中独放异彩。晋王羲之曾将砚比为城池,将笔墨比为矛戈铠甲。宋朝米芾曾斗胆向皇帝讨要砚台,得到后抱起来就跑,连墨汁溅到衣服上也顾不得理会;康熙朝举人黄莘田千金购砚,并让心爱的侍妾抱砚而眠以滋润宝砚。砚调和了笔墨的功效与沉稳厚重的品性,使笔墨纸砚这四宝融会贯通。

古人有"武夫宝剑，文人宝砚"之说，认为："文人之有砚，犹美人之有镜也，一生之中最相亲傍。"这种比喻真是让那些喜爱砚台的文人骚客感到美滋滋的。

宋苏易简《文房四谱》有句："四宝砚为首，笔墨兼纸，皆可随时收索，可终身与俱者，唯砚而已。"看到这个说法，就好理解这些文人骚客为何独爱砚台了。

风情百样 苏东坡

## 第二章

# 多面天才

### ◎ 天纵之才

苏东坡无疑是中国文学史中一位泰斗级的人物，他一生创作了大量诗词歌赋，东坡诗现存2700首，词300余阕，书信1700封，各类文章数千篇，为后世留下了大量脍炙人口的作品。东坡之前鲜有能与之比肩的人物，东坡之后几无来者。在我们看来，苏东坡绝对是天纵之才，按王安石的话说："天下不知要几百年，方能出一个像苏轼这样的人物！"

翻看人类文明史，历朝历代都不乏天赋异禀之人，也从不缺少勤学苦练者。但既有天赋，又勤奋刻苦如东坡者，真可谓凤毛麟角。这就是说，东坡的才华有与生俱来的一面；也有其勤奋刻苦而得来的一面。

东坡的散文文风浑厚自然，有如行云流水一般顺畅，也如大海一样汪洋广博。后世仰视坡翁创造的文化精神世界将其喻作"苏海"。

人们都说：天才就是百分之九十九的努力加上百分之一的天赋。荀子有句名言："冰冻三尺非一日之寒。"实际上，东坡的天才禀赋也是建立在十几年的寒窗苦读上，以及一生不断学习和不断重复的温故知新。苏东坡在谈到自己的创作时也曾说过："博观而约取，厚积而薄发。"

东坡在评定自己的文章时曾说："吾文如万斛泉源，不择地皆可出，在平地滔滔汩汩，虽一日千里无难，及其与山石曲折，随物赋形，而不可知也，所可知者，常行于所当行，常止于不可止，如是而已矣。其他虽吾亦不能知也。"东坡还曾经说道："作文如行云流水，初无定质，但常行于所当行，止于所不可不止。"

《宋史·苏轼传》说："虽嬉笑怒骂之词，皆可书而诵之。其体浑涵光芒，雄视百代，有文章以来，盖亦鲜矣。"嬉笑怒骂在苏东坡那里皆可做成文章而咏诵，这是何等的本事。

苏东坡体现出一种深沉博大散发着光芒，雄视百代，自从有文字记载以来，没有几个人能做到这一点。

苏东坡也是一位博闻强记过目不忘的奇才。他的这个本领就是他的敌手也情不自禁流露出佩服。

北宋神宗元丰二年（1079年）有名的文字狱——"乌台诗案"，针对的就是整治苏东坡。当权御史中丞李定、当权监察御史里行何正臣、舒亶等人搜集罗列东坡诗词文集，引章摘句，弹劾其"讥讽新法，包藏祸心，谤讪朝廷"欲置他于死地。在"乌台诗案"审讯东坡期间，一天早朝，群臣在

**风情百样 苏东坡**

崇政殿的殿门外等候,李定忽然对群臣说:"苏轼确实是个奇才。"众人不知他的用意何在,都不敢搭腔。李定环视众人,过了一会儿又说:"即使是二十年前所作的诗文,引经援史,随问随答,无一字差错,这还不是奇才么?"从这两句话中,一是看到了李定小人得志后那副扬扬自得、自以为是的嘴脸;另一方面也直接反映出苏轼有着超强的记忆力,其博闻强记,到了令他的对手都折服的地步。

东坡晚年,还曾经默写平生所作的八篇赋,竟然能够一字不差。

苏轼如此惊人的记忆力,是与生俱来的还是后天培养的?不禁使人好奇。宋人陈鹄撰写的《耆旧续闻》里有一则故事,说明了苏东坡能有惊人的记忆力实属"冰冻三尺非一日之寒"。

司农朱载上曾经分教于黄冈县。当时苏东坡被贬谪居住在黄州,不认识朱司农。有位客人吟诵朱司农的诗说:"官闲无一事,蝴蝶飞上阶。"苏东坡惊愕地说:"什么人做的诗?"客人回答是朱司农所作,苏东坡再三称赞,认为很有幽雅的情趣。有一天,朱司农去拜见苏东坡,他们于是成为知己。从此,朱司农经常登门拜访。偶然有一天来拜见,负责接待的人已通报了姓名,但是苏东坡好长时间不出来。他想留下来,但等候得很疲倦了;想要离开,因已经通报过姓名,这样走很不礼貌。这样过了很长时间,苏东坡才出来,表达抱歉久等的意思,并且说:"刚才做一些每日所要做的功课,没能及时来接待你。"两人安坐,别的话说完后,朱司农请教说:"刚才来时,先生所说'日课'是指什么?"苏东坡对答道:"抄《汉书》。"朱司农说:"凭先生这样的天才，打开书看一遍，可以终身不忘，哪里用得着手抄呢？"苏东坡说："不是这样的。我读《汉书》，到现在总共经过三次手抄了。最初一段事抄三个字为标题，以后要抄两字，现在就只要抄一个字了。"朱司农离开座位，又请教说："不知道先生肯不肯把所抄的书给我看看。"苏东坡就命令老兵在书桌上取来一册书。朱司农看了后，一点也不了解其中的意思。苏东坡说："请你试着列举标题一个字。"朱司农按照他说的做了，苏东坡应声就背诵几百个字，没有一字差错。共挑选了几次，都是这样。朱司农心悦诚服赞叹了好长时间，说："先生真是被贬谪到人间的仙才啊！"以后朱司农把这话告诉儿子新仲说："苏东坡尚且如此勤奋，中等智力的人能不勤奋读书吗？"朱新仲经常用这个话教育自己的儿子朱辂。

关于苏轼手抄《汉书》这件事，另有文字记载。《高斋漫录》：三苏自蜀来，张安道（张方平）、欧阳永叔为延誉于朝，自是名誉大振。明允（苏洵）一日见安道，安道问云："令嗣看甚文字？"明允答以："轼近日方再看《汉书》。"安道曰："文字尚看两遍乎（张方平的天资很高，凡书皆一阅不再读）？"明允归，以语子瞻。子瞻曰："此老特未知世间人尚有看三遍者！"苏轼未出山之前，他的父亲去拜见张方平，张方平问苏洵：你两个儿子现在看什么书？苏洵说：苏轼正重读《汉书》。张方平不以为然地说："看书就是要过目不忘，任何书看一遍就可以了，哪用得着看两遍？"苏洵心情沮丧地回到家，把这话对苏轼说了。不料苏轼根本不买账，极为自信地顶了一句："这位老先生大概不知道人间还有看三遍《汉书》的。"苏轼已经手抄《汉书》三遍了，所

风情百样 苏东坡

以有此自负之言。

东坡经常说:"旧书不厌百回读,熟读深思子自知。"

东坡的侄婿王庠向他请教读书之法,他在回信中说:"但卑意欲少年为学者,每一书皆作数过尽之。书富如入海,百货皆有,人之精力,不能兼收尽取,但得其所欲求者尔。故愿学者每次作一意求之。如欲求古今兴亡治乱、圣贤作用,但作此意求之,勿生余念。又别作一次,求事迹故实、典章文物之类,亦如之。他皆仿此。此虽愚钝,而他日学成,八面受敌,与涉猎者不可同日而语也。"

我们敬仰天才,更欣赏赞誉那些走在路上的坚忍不拔百折不挠者。这世界上绝对没有什么随随便便的成功。

## 姓名进化史

古代中国文人的"号"和当今的网名一样也是随便自起的,只要自己喜欢,尽管自称就是了,多起几个也不妨。因而大多古时文人都有很多个"号",大凡大家都有几个甚至几十个名号。中国文学艺术史上罕见的全才,中国数千年历史上被公认文学艺术造诣最杰出的大家之一,光耀史册的苏轼苏东坡也不例外,也曾使用了不少名字。

苏轼是东坡的名。按照通俗的说法就是:苏轼,姓苏名轼字子瞻,又字和仲,号"东坡居士",世人称其为"苏东坡"。

东坡的老爹苏洵在《名二子说》一文里解释了给两个儿子取名的缘由：

> 轮、辐、盖、轸，皆有职乎车。而轼独若无所为者。虽然，去轼，则吾未见其为完车也。轼乎，吾惧汝之不外饰也。天下之车莫不由辙而言车之功，辙不与焉。虽然，车仆马毙，而患亦不及辙。是辙者，善处乎祸福之间也。辙乎，吾知免也矣！

这段话的意思是："车轮、车辐、车盖、车轸，在一辆车上各有用途，缺一不可。轼是车上用作扶手的横木，是露在外面的，好像是可有可无的。但一辆车如果缺了'轼'，也就不是一辆完整的车了。也就是说，轼的职责是内在的、隐含的。他嘱咐儿子说：轼啊！我担心的是你过分显露而不会掩饰自己。

辙是车子碾过的印迹，它既无车之功，也无翻车之祸，所以说，辙是善于在祸福之间找到自己的位置的。他又嘱咐小儿子说：我知道你虽然没有福分却可以免除灾祸的，也就放心了。"

看来真是冥冥之中各有天命，苏轼性格豪放，锋芒毕露，从不知掩饰自己的观点，"一肚皮不合时宜"，因而落得一生坎坷，"乌台诗案"中几乎丢了"老头皮"。苏辙性格冲和淡泊，深沉不露，所以身处在激烈的党争中，虽然也屡遭贬斥，但终能免祸，悠闲地度过了晚年。苏轼、苏辙一生的遭遇都暗合了他们老爹一丝担忧。真是"知子莫若父母也"。

"和仲"是苏轼使用的第一个名字。这是因为苏轼出生时有个哥哥景先，但早亡。

古人兄弟排行时以伯、仲、叔、季为序来表示。苏轼的

风情百样 苏东坡

别字叫"和仲",胞弟苏辙别字"同叔"。"仲"列第二表示是老二,孔子字仲尼,在家排行就是老二,因此这位圣人也被称作孔老二。"叔"是老三。"季"为第四。

苏轼又字"子瞻"、"子平"。苏辙另字"子由"。

这两兄弟对老爸给包办的字"和仲"、"同叔",名字不甚满意,感觉"太土"。所以又起了这个比较文雅的名字。

苏轼在被贬谪到湖州时,曾给自己取了一个与陶渊明有关系的号"鏖糟陂里陶靖节","陶靖节"就是陶渊明。他在《与王定国书》里说了这件事:"近于侧左得荒地数十亩,买牛一具,躬耕其中。今岁旱,米贵甚。近日方得雨,日夜垦辟,欲种麦,虽劳苦却亦有味。邻曲相逢欣欣,欲自号鏖糟陂里陶靖节,如何?"

"鏖糟"是湖州人的方言,意思是日子过得糟透了、窝心;"陂里"则是乡巴佬儿的意思。苏轼给自己取"鏖糟陂里陶靖节"这个长名号时,主要是充满了自嘲之意。由于"鏖糟陂里陶靖节"不符合湖州语言环境,加之这个名号生僻拗口又太长所以没有叫起来。

苏东坡这个字号是后来他被贬黄州时自取的。宋神宗元丰三年(1080年),44岁的苏轼任祠部员外郎,因做诗以讥讽王安石的新法,被以"谤讪朝廷"的罪名贬谪为黄州团练副使,苏轼被贬黄州期间,没有居所也没了收入来源,好友马正卿为他申请到黄州城东门外荒废的营房废地,"故营地数十亩,使得躬耕其中"。苏轼带领家人开垦这数十亩荒地来解决生计问题。苏轼给这块地取名"东坡",并自称"东坡居士"。

苏轼之所以起了"东坡居士"这个名字,是他回望自己的宦海生涯，认为自己的一生与白居易有着许多相似的经历，尤其认为自己谪居黄州的这一段经历缘由"与乐天大略相似"，对苏轼来说正是"于我心有戚戚焉"。因此，出于自己对白居易的敬仰爱戴，爱屋及乌，将白居易享"闲适之乐"之处的"东坡"，取"东坡居士"这个名字作为自己的号，这是他效仿白居易的直接表露。

据有关资料查证，苏轼的雅号还有许多。

皇室给他的封号与谥号有：宋高宗赵构追复东坡为"端明殿学士"，又特赠"资政殿学士"、"朝奉大夫"。孝宗皇帝追谥苏东坡为"文忠公"，乾道九年（1173年），又赐太师官阶。

与他官衔、职所有关的有：苏学士、苏内翰、苏端明、狂副史、苏使君、西湖长、苏徐州、苏眉州等。

与居所有关的号有：雪浪翁、东坡居士、毗陵先生、老泉山人。

别人起的绰号有：长帽翁、秃鬓翁、白发兄、鬓苏、笠履翁；

文坛尊称他为：苏子、苏仙、坡仙、坡老、苏公、坡公、大坡、大苏；与学位有关的称：苏贤良；与地望有关的称：眉山公、峨眉先生；佛家尊称他为：妙喜老人；道家尊称他为：铁冠道人；还有苏使君、苏贤良、苏长公、苏二、老农夫等诸多雅号。

东坡先生自己使用加上别人尊称的雅号达30多个。这个数量，在古代文人所用的名字中，一不小心又占了个第一。

尽管东坡有过这么多的名号，但大多名号都只算他的"散号"，用一次或几次就抛弃了。他的"正号"只有一个，

即为他在黄州自号的"东坡居士",后人也因此多简称他"苏东坡",这也是苏轼流传最广影响最大的一个雅号,因此世人常称其号而少用名。

其实,对任何人来说,光耀史册有一个名字就已经足够了。而这一点,苏东坡已经做到了。

## 座右铭与怪石情结

东坡挚爱怪石。这是因为,怪石虽不具备玉那样完美的性质,但其特有的"坚姿聊自儆,秀色亦堪餐"吸引着东坡;怪石中蕴藏着坚贞的人格力量吸引着东坡;怪石所蕴藏的人文精神君子之德吸引着东坡。怪石不但是东坡最忠贞的朋友,而且几乎是他人生的一部分,不仅烙印着他的感情色彩,甚至直接彰显着东坡的人格和人生理想。

家有粗险石,植之疏竹轩。
人皆喜寻玩,吾独思弃捐。
以其无所用,晓夕空崭然。
碪础则甲斮,砥砚乃枯顽。
于缴不可磻,以碑不可镌。
凡此六用无一取,令人争免长物观。
谁知兹石本灵怪,忽从梦中至吾前。
初来若奇鬼,肩股何孱颜。
渐闻(石官)(石隆)声,久乃辨其言。

云我石之精，愤子辱我欲一宣。
天地之生我，族类广且蕃。
子向所称用者六，星罗罨布盈溪山。
伤残破碎为世役，虽有小用乌足贤。
如我之徒亦甚寡，往往挂名经史间。
居海岱者充禹贡，雅与铅松相差肩。
处魏榆者白昼语，意欲警惧骄君悛。
或在骊山拒强秦，万牛汗喘力莫牵。
或从扬州感卢老，代我问答多雄篇。
子今我得岂无益，震霆凛霜我不迁。
雕不加文磨不莹，子盍节概如我坚。
以是赠子岂不伟，何必责我区区焉。
吾闻石言愧且谢，丑状炊去不可攀。
骇然觉坐想其语，勉书此诗席之端。

苏东坡这首《咏怪石》，以他丰富的想象力为东坡文集增添了一朵奇葩。

东坡老家中的疏竹轩有一块怪石，起初东坡觉得这块石头没什么起眼之处，用来作捣衣石或柱墩容易折断，用来作磨刀石或墨砚又太粗劣不能蓄水，也不能作射鸟用的石制箭头，用来作碑又经不住镌刻。简直就是百无一用，白白地占着地方，还不如扔掉。"凡此六用无一取，令人争免长物观。"

说完这块怪石百无一用后，东坡笔锋一转，借怪石托梦说出它的"无用之用"才是真正的"有用，有大用"。怪石对苏东坡说：你所说的那些有用之石到处都是，它们为世人所役用，虽有小用，却各个残伤破碎，不足为贵。只有像它

这样的怪石才是世上少有的,而且往往能够名垂青史。"海岱怪石"与铅松同作大禹王的贡品,"魏榆怪石"警示先君做事不能违背时势而使百姓生怨,"临潼怪石"拒绝为秦始皇的骊山墓效劳,唐代诗人卢仝为"扬州怪石"咏吟。怪石"往往挂名经史间","意欲警惧骄君悛"才是大用场。

听了怪石的一席话,苏东坡最后不但不觉得怪石丑陋无用,反而觉得怪石的高风亮节是那样令人崇敬。于是,东坡在诗中毫不掩饰自己的崇敬之情,把怪石的气节书写在自己的席端,作为自己人生的座右铭。"骇然觉坐想其语,勉书此诗席之端。"

怪石对于东坡的人生究竟有何意义?东坡为何如此挚爱怪石?这是因为,怪石虽不具备玉那样完美的性质,但其特有的"坚姿聊自儆,秀色亦堪餐"吸引着东坡,怪石中蕴藏的坚贞的人格力量吸引着东坡,怪石所蕴藏的人文精神君子之德吸引着东坡。怪石不但是东坡最忠贞的朋友,而且几乎是他人生的一部分,不仅烙印着他的感情色彩,甚至直接彰显着东坡的人格和人生理想。

其实,怪石的"气节"也正是东坡气节的写照。东坡一生一直在反复践行着"警惧骄君悛";在大是大非面前,他总是无所掩饰地亮出自己的观点,"雕不加文磨不莹,子盍节概如我坚";在人生屡遭贬谪浮沉中,总是表现出"震霆凛霜我不迁"的高贵德行。

古人欣赏怪石,喜欢的是它的瘦硬苍老之态,认为怪石蕴藏着劲健风骨、坚贞气概、老成气韵等品质,以为其"温玉声""精钢色"的品质暗合君子之德;"坚操不移""孤标自隔"是君子的价值取向;而其"无俗格"则是文人普遍的精神追求。东坡比常人更进一步挖掘出怪石顽强的生命独特之美，于怪石寄托着他复杂的人生情结。"破碎而不杂乱，瘦削而不羸弱，苍老而不颓废，拳曲而不萎谢。"东坡特别看重文同所言怪石的"风霜锻炼愈坚重，怒浪喷激不可没"的品质。在东坡看来，这是一种经历坎坷磨难之后的劲健坚强之美，这种美与东坡崇尚的风骨、气节等人格精神合为一体。

东坡欣赏的怪石大多具有破碎、瘦削、苍老、拳曲的特点。"瘦骨拔凛凛，苍根漱潺潺。"（《次韵刘京兆石林亭之作》）"山骨裁方斛，江珍拾浅滩。清池上几案，碎月落杯盘。"（《寄怪石石斛与鲁元翰》）黄庭坚说它是"成都石笋"。

他所画的怪石，特点也大致相同，"其身与石化"融为一体。"端庄丑怪，不可以悉状也。苍苍黑黑，硙硙礧礧，森森以鳞鳞。"（孔武仲《东坡居士画怪石赋》）"子瞻所作枯木，枝干虬屈无端倪，石皴亦奇怪，如其胸中蟠郁也。"（朱彧《萍洲可谈》）"风枝雨叶瘠土竹，龙蹲虎踞苍藓石。"（豫章黄先生《题子瞻画竹石》）"石皴亦怪怪奇奇无端，如其胸中盘郁也。"米芾是这样形容东坡所画之石的。

宋哲宗元祐七年（1092年）春，苏轼出任扬州知州，他的表弟程德孺赠给东坡双石，一白一绿，白色的正白可鉴，绿色的冈峦迤逦，山峦突兀，洞穴蜿蜒，意境幽远。东坡给它们取名"仇池石"。所谓"仇池"是甘肃的仇池山四面陡绝，山上却可引泉灌田，十分奇特，"石上有穴达于背"，于是东坡将此石题名为"仇池石"。双石石质细腻，色彩晶亮，纹理清晰，十分美观。东坡十分喜爱绿色的一块，称其为

风情百样 苏东坡

"稀世之宝"。这两组怪石是东坡晚年非常珍爱的心爱之物。东坡作《双石并序》诗赞美这一对石头。

  至扬州获二石,其一绿色,冈峦迤逦,有穴达于背;其一玉白可鉴。渍以盆水,置几案间。忽忆在颍州日,梦人请住一官府,榜曰"仇池",觉而颂杜子美诗曰:"万古仇池穴,潜通小有天。"乃戏作小诗,为僚友一笑。

  梦时良是觉时非,汲井埋盆故自痴。
  但见玉峰横太白,便从鸟道绝峨眉。
  秋枫与作烟云意,晓日令涵草木姿。
  一点空明是何处?老人真欲住仇池。

宋哲宗绍圣元年(1094年)秋,东坡带着"仇池石"在流放惠州途中过长江岸边的九江湖口时,他得知湖口人李正臣收藏有异石九峰,玲珑婉转,若窗棂然,高起部分耸立挺拔像巨峰,低下部分委婉曲折像深谷,整体宛如九华山微缩在花壶中。东坡给这块石头起名"壶中九华",想要用百金买下,与仇池石做伴。东坡做诗记载了这件事。《壶中九华诗并序》:

  湖口人李正臣,蓄异石九峰,玲珑宛转,若窗棂然,予欲以百金买之与"仇池石"为偶,方南迁,未暇也。名之曰"壶中九华",且以诗纪之。

  清溪电转失云峰,梦里犹惊翠扫空。
  五岭莫愁千嶂外,九华今在一壶中。
  天池水落层层见,玉女窗虚处处通。
  念我仇池太孤绝,百金归买碧玲珑。

由于当时正赶上东坡被南迁,这件事没有如愿,他表示北归后一定要购取此石，以遂心愿。

八年后，东坡蒙赦北归再过湖口时，又去拜访李正臣，已物是人非，"壶中九华"已被他人购去。东坡怅然若失，遗憾之中作《予昔作壶中九华诗其后八年复过湖口则石已为好事者取去乃和前韵以自解云》，表达"尤物已随清梦断"的失望心情。诗感叹：

　　江边阵马走千峰，问讯方知冀北空。
　　尤物已随清梦断，真形犹在画图中。
　　归来晚岁同元亮，却扫何人伴敬通。
　　赖有铜盆修石供，仇池玉色自玲珑。

但更为人遗憾痛惜的是，在做此诗后不久，东坡病逝，没能再见到心仪已久的梦中美人"壶中九华"，留下永生的遗憾。因此，"壶中九华"石便成了他玩石旅程中最后一块爱石。

宋徽宗崇宁元年（1102年）五月，黄庭坚途经湖口，李正臣把东坡咏叹"壶中九华"诗给他看，黄庭坚十分感动，赋诗怀念东坡：

　　有人夜半持山去，顿觉浮岚暖翠空。
　　试问安排华屋处，何如零落乱云中。
　　能回赵璧人安在，已入南柯梦不通。
　　赖有霜钟难席卷，袖椎来听响玲珑。

东坡对怪石长达半个多世纪的浓厚喜爱之情，表露出他的人生观。怪石情结伴随他经历了人生的各个重要阶段。他对天然怪石的钟爱完全是超越功利之上非实用性的，是一个忠贞不渝的"石友"。

东坡说："竹寒而秀，木瘠而寿，石丑而文，是为三益

之友。"

东坡对丑石也有他的看法:"石而文丑。一丑字则石之千态万状,皆从此出。……丑石也:丑而雄,丑而秀。"为后世留下许多趣事。北宋孔武仲说东坡:"观于万物,无所不适,而尤得意于怪石之嶙峋。"

东坡在《宝绘堂记》中说:"君子可以寓意于物,而不可以留意于物。"

张舜民在《苏子瞻哀辞》中写道:"石与人俱贬,人亡石尚存。却怜坚重质,不减浪花痕。满酌中山酒,重添丈八盆。公兮不归北,万里一招魂。"

东坡爱石、品石、藏石、画石、咏石,以他的修养、才华使其成为中国古代赏石文人中最富传奇色彩的人物。但他没因为爱石而玩物丧志,没成为"石痴",没有忽略了其他的人生意义。这也是后人赞赏敬佩东坡的原因之一。

## 苏东坡的"帽子戏法"

本文所说苏东坡的"帽子戏法",不是说苏东坡像一名足球运动员那样在一场比赛进了三个球,而是说他在头上戴的帽子上大做文章,发明了好几种帽子。

苏东坡是我国文学史上少见的全才,他的才艺惊世骇俗罕世难匹,不仅在诗词、文章、书法创作上登峰造极,还晓音律,通稼穑,懂品茗,谙岐黄之术,连天文、治河乃至烹调、酿造无不通晓,甚至他穿的服饰、戴的帽子也引起世人崇拜竞相效仿。苏东坡不是一个循规蹈矩的人,不说他那另辟蹊径自成一家的诗词、书法,单说他特立独行兴致所至而发明创造的东坡帽、东坡扇、东坡肉、东坡酒等无不引领一时潮流,或千古流传至今。这位就喜欢和别人不一样的东坡先生无疑是中国古代一个引领风骚的人物,他对后世影响极大,这点没人怀疑。

东坡为人潇洒性格豁达豪放,不拘小节。宋哲宗元祐元年(1086年)东坡在汴梁时,为了穿戴方便舒适,他经常内穿和尚的衲衣外套长袍,便衣着装,而且还把五代时一种帽子改造成戴摘方便的高筒短檐帽。由于东坡具有无可比拟的人格和气质魅力,他的这种穿戴方式,引人注目,人皆欣赏,颇受当时文人、士大夫的欢迎,产生名人效应,帽子被大量仿制,于是上至京师王公贵人、下至各地缙绅之士,京城的儒生,外地的考生,几乎没有人不弄一顶这样的帽子戴在头上。东坡的帽子流行起来,形成了学士文人一种自然高雅的风度之美,成为一时的时尚。时人将苏东坡的这种帽子称之为"子瞻样""东坡帽"。逢节日,几乎清一色的子瞻帽流动于大街小巷,很是显眼。"盖元祐之初,士大夫效东坡顶短檐高桶帽,谓之'子瞻样'。"

东坡创制的这种"东坡帽"多次出现在他身后画家的作品中。宋末元初赵孟頫所画的"苏轼立像"、明末清初八大山人朱耷所画的"东坡朝云图",画面中苏东坡头戴的都是此种帽子。

在宋人的许多文集中都提及东坡的帽子,为"子瞻样"流行于当世找到了注释。王文诰辑注:"李廌《师友谈记》:

**风情百样 苏东坡**

士大夫近年仿东坡桶高檐短帽,名曰'子瞻样'。"

南宋洪迈《夷坚志》也有"又取古人而传以新事,如'人人皆戴子瞻帽,君实新来转一官,门状送还王介甫,潞公身上不曾寒'"。句中也有"人人皆戴子瞻帽"的描述。

《调谑篇》云:"元祐初士大夫效东坡顶高筒帽,谓之'子瞻样'。"

苏东坡发明的帽子也被杂剧演员搬到了舞台上。宋杂剧名角丁仙现原是举人,从艺后名噪一时。他头上戴着高高的"东坡帽"出场,然后扬扬得意地说:"我的文章盖天下,谁人敢来比诗画。"和他演对手戏的角色说他吹牛。丁仙现勃然大怒,以手指着自己的头高叫道:"小子,你难道没有看见我头上戴着'东坡帽'吗?"可以看到"东坡帽"是多么的深得人心,戴上东坡帽是多么的牛气。

性情幽默的苏东坡,有一次出了一个题目叫《人不易物赋》,要门下文人照题作文。有人便借他的帽子做了一副对联:"伏其几而袭其裳,岂是孔子;学其书而戴其帽,未必苏公。"正是"生平不识苏东坡,就称才子也枉然"。

不仅是寻常百姓痴迷东坡,就连当朝皇室成员也是苏东坡的"粉丝"。宋英宗的高皇后,是苏轼诗词的忠实读者,苏轼每有新词,她必吟诵再三,并安排宫中乐人演唱。她的儿子宋神宗,特别喜爱苏轼的诗文,吃饭时,总要诵读苏轼作品,常常因入迷而"举箸不食"(宋·王巩《随手杂录》)。此后的徽宗、高宗、孝宗,也是苏轼的"粉丝",尤其是宋孝宗,精读了苏轼全集。

宋人朱弁的《风月堂诗话》云:"东坡的诗文,刚一写成就为世人所传诵。……当时朝廷虽然明令禁止苏东坡的文章传世，举报东坡文章的赏钱已增加到八十万，可是禁令愈严而世间流传得愈多，人们还往往以自己拥有的东坡文章数量多而自以为荣耀。那些士大夫们读不到东坡的诗词，便觉得心情郁闷压抑，喘气都不畅快，别人也会说这个人情趣不高。"

陆游在《老学庵笔记》中也有记载："建炎年间以来，崇尚喜爱苏氏文章蔚然成风，各地学子都不由自主学习研究效仿东坡，而四川的学子在这方面表现得最为突出。"

东坡走到哪儿就将他的个人魅力带到哪儿，影响那里人们的生活。

东坡被贬谪到广东的惠州和海南的儋州时，就将南方人用来防日晒雨淋的"竹笠"做了改动，因而又有了另一种的"东坡帽"。

这种"东坡帽"样式和当地居民戴的斗笠基本相似，所不同的地方是比一般的斗笠大点，在笠檐处加上了一圈几寸长的黑布或蓝布，以防止阳光直射到人的脸庞。当地百姓一下就接受了东坡改革之后的这种帽子，这种"东坡帽"不是朝堂士大夫附庸风雅的装饰物，而是劳作在田间地头面朝黄土背朝天农民必不可或缺的工具。因为惠州和儋州都是苏老先生的流放地，两地虽然相隔千山万水，但东坡足迹所至之处，东坡的印记自然留下，因而两地帽子的制式和名称如出一辙。

东坡发明的帽子还不只是这两种，在海南的时候他就利用椰子壳制成"椰子帽"。《正德琼台志》上记载：元符二年（1099年），被贬谪到儋州的苏东坡随着对环境的逐步适应，与当地黎汉百姓来往的日趋密切，他那洒脱达观、入乡随俗的情怀便常显露出来。他别出心裁地拿椰子壳请当地艺人雕

**风情百样 苏东坡**

成椰雕帽,谓之"椰子冠"。

这一记载反映出东坡达观洒脱、入乡随俗的人生态度,不管在天涯还是在海角,他都能挖掘出最大的人生乐趣。他在这里又发现天然醇美的椰子酒,这种酒无须仪狄(传说中国古代酿酒始祖之一)教授酿法,酒成后椰壳还可制帽。性直的东坡总是流露出"一肚皮不合时宜",回想东坡种种遭遇又何尝不是"违时"呢?这样的人你就是把他打入十八层地狱,他也依然能找到地狱中的乐趣,你又能奈其何。

东坡的小儿子苏过将一顶"椰子冠"寄给当时谪居广东雷州的叔叔苏辙。苏辙收到侄儿从海南寄来的这份特别礼物,格外高兴,立即写了一首《过侄寄椰冠》诗,表达自己"束发装成老法师"的想法以及无论在何地何种情形下他和兄长苏轼那份心灵感应的亲情。

衰发秋来半是丝,幅巾缁撮强为仪。
垂空旋取海棕子,束发装成老法师。
变化密移人不悟,坏成相续我心知。
茅檐竹屋南溟上,亦似当年廊庙时。

东坡虽然已远去千古,但他留下的诸多脍炙人口的诗作、故事,印在他后世的历代人们的心中,永远那样鲜活,那样让人津津乐道。

## 饮酒趣闻

文士诗情酒意,在苏东坡这里变成一个特例。

苏东坡常写酒醉的诗,自己也每日必饮,但酒量并不大,喝一整天也喝不过五杯;用具招待客人,自己却也不胜酒力,只把玩空杯,看着别人喝酒。他曾在《书东皋子传后》中有段自述:"天下之不能饮,无在予下者",但是,他又自誉自己"天下之好饮,亦无在予上者"。天下没有比我更不胜酒力的,但也没有比我更爱喝酒的人。这看似矛盾的两句话,其实颇有深意。喝酒对于苏东坡而言,喝的是一个意象,喝的是一份感觉。

东坡是十分喜爱酒的。他在《洞庭春色》一诗中称酒是"钓诗钩"和"扫愁帚"。

《洞庭春色》诗序:"安定郡王以黄甘酿酒,谓之洞庭春色,色香味三绝。以饷其犹子德麟。德麟以饮余,为作此诗。醉后信笔,颇有沓拖风气。"诗曰:

二年洞庭秋,香雾长噀手。
今年洞庭春,玉色疑非酒。
贤王文字饮,醉笔蛟蛇走。
既醉念君醒,远饷为我寿。
瓶开香浮座,盏凸光照牖。
方倾安仁醽,莫遣公远嗅。
要当立名字,未可问升斗。
应呼钓诗钩,亦号扫愁帚。
君知蒲萄恶,止是嫫姆黝。
须君滟海杯,浇我谈天口。

东坡这样喜欢饮酒,他写了许多篇与酒有关的诗词歌赋,那得喝多少酒呢?论酒量,东坡要和李白的"斗酒诗百篇"、

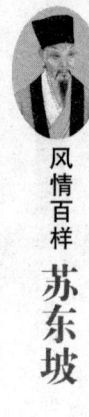

风情百样 苏东坡

刘伶的"一饮一斛,五斗解酲"、阮籍的"醉六十日"等"酒仙"比起来,则东坡那就是小巫见大巫了,饮酒"知名度"远不及也。

虽说东坡喝得不多,但却颇具"特色",很多轶闻佳话流传后世。

东坡说:"我一天喝得酒也不过五合(一种容积不大的器皿)。天下再也没有比我不能喝酒的了。我喜欢的是看着朋友客人开怀畅饮,客人举着杯子慢慢惬意地饮酒,则我的胸怀也与喝酒的人一样浩浩荡荡、奔腾万里。那种酣畅淋漓舒坦的感觉乃至于超过了喝酒的人。我闲居的时候,没有一天没有客人的,客人来了也没有不以酒招待的。天下人喜欢酒的,也没有在我之上的。"这段文字说东坡的酒量不大,但是十分爱酒,闲居时无一日不喝酒,但从来不醉。他的妙招是,看着朋友客人喝酒自己也就有了酣畅的感觉。

东坡饮酒之后所作的作品,更有一番神韵在其中。东坡曾经说:"俯仰各有态,得酒诗自成。"东坡曾酒后草书《念奴娇》,感叹说:"久不作草书,适乘醉走笔,觉酒气勃勃,似指端出也。"酒后创作的书法看来真是有如神助,"天下第一行书"王羲之的《兰亭集序》,就是在酒后创作的。东坡酒后也有"酒气勃勃"的感觉,好似从指尖出来一样。

东坡作文吟诗之余,也爱书法、作画。他作书前饮酒,画前也要饮酒。黄庭坚曾为其画题诗云:"东坡老人翰林公,醉时吐出胸中墨。"

黄庭坚在《东坡墨迹跋》中说:(东坡居士)"性好酒,然不能,四五龠已烂醉,不辞而就卧,鼻鼾如雷。"也没多大一会儿就又醒了过来,拿起笔来落笔如风雨,虽然说有时不够庄重,但都不同于他人的独特风格。东坡先生真神仙中人。

《清代名人轶事》也写到东坡不善饮酒,"纪文达会试时,出孙端人宫允人龙门下。孙豪于酒,尝憾文达不能饮,戏之曰:'东坡长处学之可也,何并其短处,亦刻画求似?'"善于喝酒的孙端人曾经遗憾纪晓岚不能喝酒,他和纪晓岚开玩笑时说他:"东坡的许多长处你学他是可以的,可是他不能喝酒的短处,你怎么也学得这样像。"

宋神宗熙宁九年(1076年)中秋,苏东坡正任密州(今山东诸城)知州,这一时期,苏轼因为与当权的变法者王安石等人政见不同,自求外放,辗转在各地为官。他曾经要求调任到离苏辙较近的地方为官,以求兄弟多多聚会。到密州后,这一愿望仍无法实现。

这一年的中秋,皓月当空,银辉遍地,与胞弟苏辙分别之后,转眼已七年未得团聚了。此刻,东坡面对一轮明月,心潮起伏,于是酣饮直到第二天早晨。他乘酒兴正酣,挥笔写下了名篇——《水调歌头》。

> 明月几时有,把酒问青天。
> 不知天上宫阙,今夕是何年。
> 我欲乘风归去,又恐琼楼玉宇,高处不胜寒。
>
> 起舞弄清影,何似在人间。
> 转朱阁,低绮户,照无眠。
> 不应有恨,何事长向别时圆。
> 人有悲欢离合,月有阴晴圆缺,此事古难全。
> 但愿人长久,千里共婵娟。

词前的小序交待了写词的过程:"丙辰中秋,欢饮达旦,

风情百样 苏东坡

大醉。作此篇兼怀子由。"很明显,这首词反映了作者复杂而又矛盾的思想感情。一方面,说明苏东坡怀有远大的政治抱负,当时虽已41岁,并且身处远离京都的密州,政治上很不得意,但他对现实、对理想仍充满了信心;另方面,由于政治失意,理想不能实现,才能不得施展,因而对现实产生一种强烈的不满,滋长了消极避世的思想感情。不过,贯穿始终的却是词中所表现出的那种热爱生活与积极向上的乐观精神。

在大自然的景物中,月亮是很有浪漫色彩的,它很容易启发人们的艺术联想。一钩新月,可联想到初生的萌芽事物;一轮满月,可联想到美好的团圆生活;月亮的皎洁,让人联想到光明磊落的人格。在月亮这一意象上集中了人类多少美好的憧憬与理想!苏轼是一位性格豪放、气质浪漫的诗人,当他抬头遥望中秋明月时,其思想情感犹如长上了翅膀,天上人间自由翱翔。

全词设景清丽雄阔,如月光下广袤的清寒世界,天上、人间来回驰骋的开阔空间。将此背景与词人超越一己之喜乐哀愁的豁达胸襟、乐观情调相结合,便典型地体现出苏词清雄旷达的风格。

苏轼在杭州当通判时,常因陪人喝酒而感觉身心交瘁,因此他曾将杭州官场戏称为"酒食地狱"。

东坡喝醉了也曾出过笑话。他在徐州做太守时,一次酒后登云龙山,醉态百出,他醉卧在石床上,无所顾忌,引得路人都拍手大笑。《登云龙山》诗记载了这一次醉酒:

醉中走上黄茅冈,满冈乱石如群羊。
冈头醉倒石作床,仰看白云天茫茫。

歌声落谷秋风长，路人举首东南望，
拍手大笑使君狂！

律诗本应有八句，但此诗只有七句，是东坡喝醉了吗？少写了一句，留下了一首"瘸腿诗"。

东坡与酒的故事，还有一桩事更令人拍案称奇、瞠目结舌，完全可以写进武侠小说中去。那是一个大雪天，东坡住在河南尉氏县的驿站里，这时另有一个客人入住，东坡招呼人家和他一起喝酒。就这样，两个素不相识的男人，不问姓名，不问何方来到何方去，要的只是一个痛饮至醉。等到第二日与他喝酒的客人南去，东坡还不知道人家姓甚名谁呢。这件事东坡写在《夜归临皋》一诗中，诗的序言道明这一切：

大雪独留尉氏，有客入驿，呼与饮，至醉。诘旦客南去，竟不知其谁。

古驿无人雪满庭，有客冒雪来自北。
纷纷笠上已盈寸，下马登堂面苍黑。
苦寒有酒不能饮，见之何必问相识。
我酌徐徐不满觞，看客倒尽不留涩。
千门昼闭行路绝，相与笑语不知夕。
醉中不复问姓名，上马忽去横短策。

东坡作为一个彻头彻尾的文人竟也能豪放粗犷至此，真是令人钦佩！这样的东坡谁能不喜欢呢？这正是"相逢何必曾相识"最好的演绎，千古以来，这样令人神往的邂逅，能有几回呢？

但假使东坡不饮酒，那又哪里会有"明月几时有？把酒问青天。不知天上宫阙，今夕是何年"这样豪情万丈、大气

**风情百样 苏东坡**

磅礴的传世之作。这样的中秋词乃千古绝唱。现在看来,如果人世间少了这样的语句,这世间则是多么的黯然。

凡天下人喝酒,无外乎个人迷恋喜欢或社会应酬两方面因素。但东坡先生喝酒,却是与众不同,他所追求的不是自己酩酊大醉的杯酌之娱;而是"我有一瓢酒,独饮良不仁","我虽不解饮,把盏欢意足"。那就摆好宴席,邀好友共饮,看着他人酣畅痛饮,自己也得到了淋漓酣畅的喜悦和快乐,那种惬意甚至超过了饮酒人的感觉。

东坡理想中像陶渊明那样的退隐生活,是少不了有一壶酒的,"几时归去,作个闲人。对一张琴,一壶酒,一溪云"(《述怀》)。身边的一个人不要是别人,而是他的兄弟子由。"我醉歌时君和,醉倒须君扶我。"

东坡喝酒,这真是"独乐乐,不如众乐乐"。

## 东坡酿酒有一套

东坡是十分喜爱酒的,他一生中写的那些诗词歌赋许多都与酒有关系。但东坡酒量并不大,他在《酒子赋》中说:"我饮一点酒就醉,但这醉酒之乐与那些能豪饮百杯的人一样。"

东坡虽然喝得不多,但却不满足只喝别人酿的酒,而是兴致颇高地亲躬酿酒,留下一段段佳话,都有诗赋为证,有据可考。

西蜀的一个道士送给东坡一个以蜂蜜造酒的方子,他写

《蜜酒歌》一诗记述了这件事："西蜀道士杨世昌，善作蜜酒，绝醇酽。余既得其方，作此歌遗之。"

真珠为浆玉为醴，六月田夫汗流沺。
不如春瓮自生香，蜂为耕耘花作米。
一日小沸鱼吐沫，二日眩转清光活。
三日开瓮香满城，快泻银瓶不须拨。
百钱一斗浓无声，甘露微浊醍醐清。
君不见南园采花蜂似雨，天教酿酒醉先生。
先生年来穷到骨，问人乞米何曾得。
世间万事真悠悠，蜜蜂大胜监河侯。

《宋史》对这种蜜酒有记载："三佛齐国，盖南蛮之别种，与占城为邻，居真腊、阇婆之间，所管十五州。土产红藤、紫矿、笺沉香、槟榔、椰子。无缗钱，土俗以金银贸易诸物。四时之气，多热少寒，冬无霜雪。人用香油涂身。其地无麦，有米及青白豆，鸡鱼鹅鸭颇类中土。有花酒、椰子酒、槟榔酒、蜜酒，皆非曲蘖所酝，饮之亦醉。"

东坡的《寓居合江楼》诗："海山葱茏气佳哉！二江合处朱楼开。蓬莱方丈应不远，肯为苏子浮江来。江风初凉睡正美，楼上啼鸦呼我起。我今身世两相违，西流白日东流水。楼中老目日清新，天上岂有痴仙人！三山咫尺不归去，一杯付与罗浮春。"坡翁自注："予家酿酒，名罗浮春。"

然而，坡翁所酿的这两种酒实在让人不敢恭维。宋人叶梦得在《避暑录话》中揭了东坡的短："苏子瞻在黄州，作蜜酒不甚佳，饮者辄暴下，蜜水腐败者尔。尝一试之，后不复作。在惠州作桂酒，尝问其二子迈、过，云亦一试而止。大抵气味似屠苏酒。二子语及，亦自抚掌大笑。二方未必不

**风情百样 苏东坡**

佳，但公性不耐事，不能尽如其节度。姑为好事借以为诗，故世喜其名。""苏氏家酿"没能流传千古反倒成了笑柄。从文中真可以想象，东坡那老头儿捉弄了两个儿子之后抚掌大笑时那种老顽童一般的神态。

东坡在定州还曾用松膏酿酒，取名中山松醪。东坡称松醪酒"味甘余而小苦"。"东坡守定州时，于曲阳得松膏酿酒，因赋《中山松醪赋》"（明·冯时化《酒史》）。

坡翁在海南用米、麦、水酿造了"真一酒"。他在《真一酒诗》诗引："米麦水三一而已，此东坡先生真一酒也。"说明酒是他自己酿造的，酒名也是他给取的。"拨雪披云得乳泓，蜜蜂又欲醉先生。稻垂麦仰阴阳足，器洁泉新表裹清。晓日著颜红有晕，春风入髓散无声。人间真一东坡老，与作青州从事名。"东坡认为"真一酒"就是"天造之药"，诗的正文中有一条夹注："真一酒色味颇类于在黄州日所酝蜜酒也。"

清代人郎廷极撰《胜饮编》："东坡在南海作真一酒，以米麦水三者为之。"

古道热肠以助人为乐的东坡还把"真一酒"的酿制方法慷慨地赠送给他人。在《寄建安徐得之真一酒法》中，他写道："岭南不禁酒，近得一酿法，用白面、糯米、清水三物酿成，玉色，绝似王驸马'碧玉香'。酒性温和，饮之可解渴而不可醉也。"

坡翁在海南还酿造过桂酒，他说喝过桂酒后有飘飘欲仙的感觉。"肌肤握丹身毛轻，冷然风飞同水行。"东坡作《桂酒颂》序中说："我谪居海上，应当多饮酒以抵御瘴气，且岭南没有酒禁。有位隐者把桂酒的方子给了我，酿成后酒色如玉，香味超然，非人间物也。"

这位"坡仙"居儋州期间还发明了天门冬酒。天门冬也叫百部草，其根可作为药用，具滋阴润肺、除火止咳之功效。东坡以天门冬汁液为酒曲，制出融合天门冬药性的米酒，叫天门冬酒。《山居要录》中详细记载了东坡的天门冬酒酿法："醇酒一斗，曲麦一升，好糯米五升，做饭，取天门冬汁浸，先将酒浸曲如常法，候炊饭适寒温，用煎和饮令相入酿之。春夏七日，秋冬十日熟。酒初熟味酸，久停则美香，余酒皆不及。"

苏东坡在其《东坡酒经》中也有类似的酿法记载。他还以诗句表达自酿自饮天门冬酒时的喜悦心情，诗云：

　　自拔床头一瓮云，幽人先已醉浓芬。
　　天门冬熟新年喜，米曲春香并舍闻。

苏东坡在儋州时作有《椰子冠》一诗。赞美椰子酒是天然之酒，无须仪狄（传说中国古代酿酒始祖之一）教授酿法。酒成后椰壳还可制帽。

　　天教日饮俗全丝，美酒生林不待仪。
　　自漉疏巾邀醉客，更将空壳付冠师。
　　规模简古人争看，簪导轻安发不知。
　　更著短檐高屋帽，东坡何事不违时。

东坡的儿子苏过随其居住儋州期间所作《怀惠许兄弟》诗，记述了海南当地的风土人情，有"椰酒醍醐白，银皮琥珀红"的诗句。也说明当时椰子酒至少在儋州还比较盛行。椰子酒酿法大致有两种：一是椰子树生长佛焰花苞时，割断花梗，取其椰浆，集中到瓶中，汁液自酿为低度椰子酒；另一种是取成熟椰果，将椰子水和椰肉共捣取浆，浆液自动发酵成酒。

东坡还写过一篇《东坡酒经》:"南方之氓以糯与粳,杂以卉药而为饼,嗅之香,嚼之辣,揣之枵然而轻,此饼之良者也。……酿久者,酒醇而丰,速者反是,故吾酒三十日而成也。"这篇文章仅三百余字,把黄酒的酿制过程言简意赅地进行了完整表述,对各大环节描述不但准确到位,而且科学严谨,对后世酿造黄酒起到重要的指导作用。

尽管东坡酿造了那么多的酒,但他在造酒方面也不能说是专家,毫无疑问,他也只能算是个"外行中的内行",造酒只是他的业余嗜好而已。但从中我们却可以领略到他对生活、对自然的那种热爱之情,体味他那种"醉翁之意不在酒"的弦外之音。本来不胜酒力的东坡却酿造了这么多种酒,写了那么多以酒为题的文字,这是为什么呢?细琢磨起来,大概有其"姑为好事,借以为诗"的因素在里面吧。

## 与竹的一世情缘

历朝历代咏竹、爱竹、嗜竹者不乏之人。竹子虽已不再作为书写文字的工具,传承文化的载体;但竹子并没有因此而告别文化,远离文化人的生活。而其早已经不仅仅是一种植物,而被历史赋予一种荣耀、一种光芒,这是因为它和文人扯上了关系,就不再寂寞了,就大出风头了。

竹与梅、松被誉为"岁寒三友",又与梅、兰、菊并称"四君子"。而只有竹因其具有崇高品质的象征,才被赋予至高无上的无可比拟的地位。它被喻为全德君子，常作为君子高洁、挺拔、风雅人格的写照。文人雅士不论在失意之际还是得志之时，都喜好以竹自喻，以竹明志，以竹修心，以竹怡情，以竹养性。因此说，没有哪一种植物能像竹子一样成为一种民族性的象征，对人类文明有如此深远的影响，具有独特的历史地位。

《诗经》中有"绿竹青青""绿竹猗猗""绿竹如箦"之句。后世吟诵竹者犹如吟月、吟酒，皆如星辰浩瀚，不可胜数。"竹下品茶则绿色盈盏，竹下饮酒则翠绿满怀。"这是人人向往的惬意之所。屈原在《离骚》中有"余处幽篁兮终不见天，路险难兮独后来"。魏晋时代有"竹林七贤"纵情逍遥于竹林中；唐代有"竹溪六逸"纵酒酣歌于竹海之处。这些千古留名的哪个不是爱竹喜竹之士。

晋代王羲之在《兰亭集序》中说，"此地有茂林修竹，又有清流激湍……"《晋书·王徽之传》记："王尝居空屋中，便令种竹，曰：'何可一日无此君？'"大气磅礴的李白，"萧萧见白日，泂泂开奔流"。杜甫爱竹不仅表现在"平生憩息地，必种数竿竹"的生活中，而且还体现在精神追求上。白居易爱竹，既用之娱乐精神也不忘满足口腹之欲。在《养竹记》中，他总结出竹的节操："竹似贤，何哉？竹本固，固以树德，君子见其本，则思善建不拔者。竹性直，直以立身；君子见其性，则思中立不倚者。竹心空，空似体道；君子见其心，则思应用虚者。竹节贞，贞以立志，君子见其节，则思砥砺名行，夷险一致者。"白居易把自己的栖身所在设计建造成"十亩之宅，五亩之园，有水一池，有竹千竿"的环竹宅地。被誉为"诗佛"的王维更沉溺于竹之禅

风情百样 苏东坡

境,他的《竹里馆》:"独坐幽篁里,弹琴复长啸。深林人不知,明月来相照。"柳宗元的《竹》里有云:"今日南风来,吹乱庭前竹。萧然风雪意,可折不可辱。"黄庭坚作有《新竹》:"篱插棘编谨护持,养成寒碧映涟漪。清风掠地秋先到,赤日行天午不知。解箨时闻声簌簌,放梢初见影离离。归闲我欲频来此,枕簟仍教到处随。"明代徐渭在《风竹》讲:"竹劲由来缺祥同,画家虽巧也难工。"以画竹咏竹闻名于世的清代郑板桥更是满怀虔诚,"山竹为君,石呼为丈。赐以佳名,千秋无让"。

到了苏东坡这里,却是"别有一番滋味在心头"。

东坡来了个全方位的:爱竹、咏竹、赞竹、画竹、食竹。这位创新大师与竹有着道不尽的一世情缘,因而开创了新的天地。

宋神宗熙宁六年(1073年)春,苏东坡出任杭州通判时,曾下榻在"绿筠轩"中。他在"绿筠轩"临窗远眺,只见满目皆是苍翠欲滴的茂林修竹,景色宜人。东坡畅怀写下了这首传唱千古的名篇。

### 《于潜僧·绿筠轩》

宁可食无肉,不可居无竹;无肉令人瘦,无竹令人俗。人瘦尚可肥,俗士不可医;旁人笑此言,似高还似痴。若对此君仍大嚼,世间哪有扬州鹤?

竹与肉都是东坡的挚爱。可是,如果竹与肉二者不可得兼之时,又该何取何舍呢?东坡曰:"宁可食无肉,不可居无竹。"这是因为"无肉令人瘦,无竹令人俗"。人瘦了,多吃点好的可以补回来;人俗了,坏印象留在社会则无法挽回。但是对着竹而大嚼猪肉,这未免有些大煞风景了吧?扬州太守岂可骑鹤化仙？这首妙趣横生调侃戏谑的《于潜僧·绿筠轩》可以说是传颂千古、妇孺皆知。其实对东坡而言，最好当然是左手竹右手肉，两者都在手，这是多美的事。对他人来说也是何其幸事。

元丰二年（1079年），苏轼被贬黄州，他在这里挥就了"长江绕郭知鱼美，好竹连山觉笋香"（《初到黄州》）让人馋涎欲滴的名句。

东坡吃竹笋也吃出了"雅"，吃出了千古名句。除了"好竹连山觉笋香"的佳句，东坡还喜欢吃苦笋，好友黄庭坚还因此开他的玩笑，"公如端为苦笋相，明日春衫诚可脱"。说他为了吃苦笋，连官都可以不做。

东坡还有"无竹令人俗，无肉使人瘦。若要不俗也不瘦，餐餐笋煮肉"的妙语传世。这几句朴素经典、通俗易懂的妙语让人感到：东坡是那样的坦率真诚，毫无虚假做作。就像你所熟知、真实、和蔼可亲的老人。他不因为竹之雅，就故作风雅断然排斥吃肉。东坡所表现出的才是真正的人间的烟火，才是真实的生活，才是最真实的人生。这也是东坡为天下人雅俗共赏、共同爱戴的原因之一。

东坡还在《墨君堂记》赞竹云："世之能寒燠人者，其气焰亦未至若雪霜风雨之切于肌肤也，而士鲜不以为欣戚丧其所守。自植物而言之，四时之变亦大矣，而君独不顾。……风雪凌厉以观其操，崖石荦确以致其节。得志，遂茂而不骄；不得志，瘁瘠而不辱。群居不倚，独立不惧。"这篇短文虽说是东坡写给文同（字与可）的，同时也是赞竹，是东坡眼中竹之品德、之气节、之高洁的高度概括。文中的最后几句，用在东坡身上不也很恰当吗？又怎能说这不

风情百样 苏东坡

是东坡自我心声的吐露呢?

东坡在《跋与可纤竹》中赞竹:"其屈而不挠者,盖如此云。"这自然也是潇洒似竹、刚毅似竹、气节似竹东坡的自我写照。

东坡不光写竹,食竹,还要画竹。他曾向文同请教画竹技法,东坡记录了文同教他画竹的一番话:"故画竹必先得成竹于胸中,执笔熟视,乃见其所欲画者,急起从之,振笔直遂,以追其所见,如兔起鹘落,稍纵即逝矣!"这就是成语"胸有成竹"的出处。"成竹在胸"就是胸中首先要有竹的形,这才有画竹的根本;东坡提倡神似,画以传神为贵,看重墨竹所传达出的作者的精神世界。但要让所作之画有"气韵",最重要的是胸中一定要有君子之心,这样才能使墨竹升华为墨君。

东坡对文同由衷赞赏:"与可作画,能够博采众家之长。真正做到了诗在他的心中口上,竹在他的手上。"他自信对文同知之甚深,所谓"世上的人都知道文同的画珍贵,而最会欣赏他的画的人是我"。同样,文同也将东坡引为平生知己,他曾经说过:"这世上没有了解我的,只有子瞻看过之后才能理解其中的奥妙之处。"每完成一幅新作,便叮嘱仆人:"不要让他人在上面书写题跋,要等到苏子瞻来,叫他在画面一侧上做诗。"东坡便挽挽衣袖,欣然落墨,这也是东坡平生的一大快事。东坡《书晁补之所藏与可画竹》诗云:

> 与可画竹时,见竹不见人。
> 岂独不见人,嗒然遗其身。
> 其身与竹化,无穷出清新。

庄周世无有，谁知此凝神。

东坡这首诗描述了文同画竹时高度集中的精神状态。文同在画竹的过程中，忘记了周围环境，也忘记了自我，把全部的注意力集中到胸中生成的创作意象上，在精神上与"胸中之竹"合为一体，即所谓"身与竹化"。这是精神的集中，实际也是一种精神超越。

东坡画竹所关注的不是临摹自然界中竹的表象，而是借画竹抒发其胸中那丛生机勃勃的意念之竹。东坡这番理解和展示出的技法深得文同的赞赏。文同死后，东坡曾见竹废卷因怀念故人而失声痛哭。

东坡画竹，他痴迷墨竹的画法。墨竹之爱，是东坡爱竹的升华。将自己所钟爱之竹形诸纸上，他创作时全神贯注，凝神屏息，心血凝聚。东坡的墨竹并不以形见长，展现更多的是因一种东坡内在的不俗之气。东坡曾说："画不能皆好，醉后画得，一二十纸中，时有一纸可观。"对于此，黄庭坚作过切中肯綮的评论，他说："东坡画竹多成林棘，是其所短，无一点俗气，是其所长。"从东坡对墨竹的探讨，则更可见东坡的艺术追求。东坡有《竹石图》留于后世。

东坡作画追求的是神韵、气象，强调的是独创；不在乎的是形似。他画竹喜用水墨泼成，不施彩色，而气势变化，颇类醉书狂草。"大抵写意，不求形似。"他画的墨竹有一根通天的，看见的人问他："你画的竹子为什么不分节？"东坡回答："竹子也不是逐节生长的。"这不算什么，这位"另类"的东坡还创造出更加另类的竹子，他还曾以朱笔画竹。别人问："天下哪有红竹？"他就反问："世间何来墨竹？"东坡作画不是在临摹自然，直白万物，而是在"醉时吐出胸

风情百样 苏东坡

中墨"。东坡的重抒发、轻形似画作，他所追求的是物我交融、物我合一，他要做的是借物抒怀。

空肠得酒芒角出，肝肺槎丫生竹石。
森然欲作不可回，吐向君家雪色壁。
平生好诗仍好画，书墙涴壁长遭骂。
不嗔不骂喜有余，世间谁复如君者。
一双铜剑秋水光，两首新诗争剑芒。
剑在床头诗在手，不知谁作蛟龙吼。

东坡这首英气自然的题壁诗《郭祥正家醉画竹石壁上做诗为谢且遗古铜剑二》（《苏诗补注》卷二十三），就体现了他"不按规矩出牌"的理念和他那纵横不羁的天性。

刘禹锡曾说"高人必爱竹"。东坡就是爱竹的高人最好的证明。他认为竹为人间奉献得太多，又不求回报。因此，他为竹"打抱不平"。他在《记岭南行》中说："岭南人，当有愧于竹。食者竹笋，庇者竹瓦，载者竹筏，爨者竹薪，衣者竹皮，书者竹纸，履者竹鞋，真可谓一日不可无此君也耶！"

东坡先生一生爱竹，竹俨然成为东坡生活里不可缺失的伙伴，最割舍不下的朋友。在东坡的生活中，随处有竹："门前两丛竹，雪节贯霜根。""官舍有丛竹，结根问囚厅。""予谪黄州，寓居定惠院，饶舍皆茂林修竹。"但东坡对竹的爱、对竹的认识也不是一成不变的，内心的变化必然导致对外物认识变化，也如四季交替。他对竹的认识变化表现在他一生各个阶段。纵观东坡描写竹的诗文变化，也表露出东坡人生观的嬗变轨迹。

"门前万竿竹，堂上四库书。"血气方刚青年时，这是东坡的理想田园家宅。

"疏疏帘外竹，浏浏竹间雨。窗扉净无尘，几砚寒生雾。"历经坎坷的不惑中年则有了一丝无奈。

"莫听穿林打叶声，何妨吟啸且徐行。"宦海浮沉的老年，东坡知天命了吗？是旅者，在路上，只能前行。

"杖竹芒鞋轻胜马，谁怕？一蓑烟雨任平生。"暮色苍茫的晚年拄着竹拐杖，"累尽无可言，风来竹自啸"，"披衣坐小阁，散发临修竹"，要的就是这样潇洒这样淡定的人生。

这就是东坡与竹的渊源，东坡好竹，竹不仅融入了东坡的现实人生，更融入东坡的艺术人生。东坡似竹，他的伟大的人格和他在文学、美术方面的成就，使他成为文化长河中的一抹亮色。

## 东坡与茶

在北宋的文坛上，嗜茶的人非常多，但在比较之后就发现，没有谁能够像苏轼那样在品茶、烹茶、种茶上更在行的了。对于茶，苏轼不仅非常在行，而且对茶的历史和茶的功效都很有研究。此外，他还写下了不少歌咏茶的诗词。苏轼的一生，几乎都是在贬谪之中度过的。但是，正是这种贬谪的生涯，使他有比其他人多得多的机会品尝各种佳茗。这正如他所说："我官于南今几时，尝尽溪茶与山茗"。除了饮茶品茗外，苏轼还借咏茶的诗文来抒发人生的感慨和命运的不济，甚至讥讽那些以佳茗进行投

**风情百样 苏东坡**

机钻营的势力小人:"收藏爱惜待佳客,不敢包裹钻权倖。次诗有味君勿传,空使时人怒生瘿。"

---

宋哲宗元祐五年(1090年)春,时在福建任转运判官的曹辅给他的老朋友苏东坡寄了些壑源山上的新茶,并附了一首自己的七律。东坡品尝佳茗后诗兴顿生,做了上面这首《次韵曹辅寄壑源试焙新芽》予以答谢。曹辅是位谏臣,他多次上书劝谏宋徽宗不理国政的事,并因此被徽宗下诏遣送郴州。因为这首和诗,曹辅而为天下茶人所共知。但在东坡诗句如日当空的照耀下,曹辅那首律诗内容是什么早被东坡的光芒掩盖了。

古往今来,自有了茶这个不可或缺的生活品后,关于茶的比喻可以说五花八门:嘉木、佳人、叶嘉、瑞草、灵草、灵芽、雀舌、龙团、清友、花朵、扇子、雏鸟、琼蕊浆、忘忧草等等,也有抽象的说茶像人生、像命运、像爱情。笔者以为,其中最具创意和形象思维的,当数"佳人"莫属。

到了东坡这里他以浪漫诙谐的笔调锦心绣口喻茶为"佳人",将茶的喻说换了天地,"从来佳茗似佳人"。自东坡这句诗一出,古今所有关于茶的比喻,都立刻相形见绌、黯淡无光,都成了一堆俗脂庸粉。这一诗句被誉为是"古往今来咏茶第一名句"。东坡之前,谁能而且谁有胆量把茶比作美女来品赏呢?这千八百年过去了,还有哪一句能出其右呢?谁又能吟诵出比这更好的诗句呢?

"从来佳茗似佳人",是历代文士茶人耳熟能详的名句,这句诗不仅指代佳人,还喻指君子贤良。从此,历代与茶沾边的人,无论是种茶的、制茶的还是喝茶的,也无论是真风流还是假风雅，莫不竞相传诵。即便大字不识的山野村夫，也一定会意"佳茗"与"佳人"的妙意。

东坡俨然是位茶艺高手，煮茶、饮茶，在苏轼看来，能吃到上好的茶，就如邂逅一位佳人一样赏心悦目。把佳茗比作佳人，文字之美皆在于此了。

东坡不只烹茶、品茶是个行家里手，他是个实践家还亲自栽种过茶。

东坡贬谪黄州期间，他的经济来源被掐断，干吃老本，生活困顿。老友马正卿替他向官府申请来一块荒地，东坡带领家人亲自耕种，靠地上收获以解"因匮乏食"之急。在这块取名"东坡"的荒地上，他种了茶树。

东坡在《问大冶长老乞桃花茶栽东坡》里，展示了他种茶的本事：

周诗记苦荼，茗饮出近世。
初缘厌粱肉，假此雪昏滞。
嗟我五亩园，桑麦苦蒙翳。
不令寸地闲，更乞茶子艺。
饥寒未知免，已作太饱计。
庶将通有无，农未不相戾。
春来冻地裂，紫笋森已锐。
牛羊烦呵叱，筐筥未敢睨。
江南老道人，齿发日夜逝。
他年雪堂品，空记桃花裔。

在另一首《种茶》诗中他这样写道：

松间旅生茶，已与松俱瘦。
茨棘尚未容，蒙翳争交构。

风情百样 苏东坡

天公所遗弃,百岁仍稚幼。
紫笋虽不长,孤根乃独寿。
移栽白鹤岭,土软春雨后。
弥旬得连阴,似许晚遂茂。
能忘流转苦,戢戢出鸟咮。
未任供白磨,且可资摘嗅。
千团输大官,百饼衔私斗。
何如此一啜,有味出我囿。

东坡说,在松树间种茶,不易衰老但生长瘦弱;移植于白鹤岭,那里土壤肥沃再加上连日春雨滋润,很快便恢复生长,叶茂枝繁长势良好。

东坡还创作一首《水调歌头》,这首词记述了采茶、制茶、点茶、品茶时的全过程,生动传神,十分令人向往。

已过几番风雨,前夜一声雷,旗枪争战,建溪春色占先魁。采取枝头雀舌,带露和烟捣碎,结就紫云堆。轻动黄金碾,飞起绿尘埃。老龙团、真凤髓,点将来,兔毫盏里,霎时滋味舌头回。唤醒青州从事,战退睡魔百万,梦不到阳台。两腋清风起,我欲上蓬莱。

宋神宗元丰七年(1084年),苏东坡刚移居常州宜兴(秦置阳羡县),途中见一山坡满是葱葱郁郁的茶树,唐朝时"阳羡贡茶"即产于此处。苏东坡见之大喜,采摘了一大包鲜叶,回去之后,经过一番精心的煎、揉、焙、晾、晒等工序,将鲜叶制作成上品之茶,他请来自己的学生邵民瞻一同品尝。

邵民瞻细啜慢品之间,顿觉味美甘甜,茗香直透脾胃,连呼"好茶！好茶！大有先生所言'何须魏帝一丸药，且尽卢仝七碗茶'之妙意也！"邵民瞻再端起茶碗仔细观察汤色，只见茶汤不仅色鲜如新，且茶叶不沉不浮，竖立于汤中，叶也不散，其形状如节节翠竹状。邵民瞻大悟，惊喜道："先生所制之茶，形、色、味皆远胜于唐时'阳羡贡茶'。可取名为'东坡翠竹'以享后人，岂不是一件功德之事啊！"

"东坡翠竹"外形扁平直滑，两端尖细，形似竹叶，叶绿均匀。内蕴馥郁，汤色碧绿，味甘醇鲜，入口香馥如兰，素有"色绿、香郁、味醇、形美"四绝之美誉。

苏轼视茶为仙境妙地而沉醉于斯，茶充实了东坡的精神生活，寄身心于斯。

他睡前睡起要喝茶："沐罢巾冠快晚凉，睡余齿颊带茶香。艅舟北岸何时渡，晞发东轩未肯忙。康济此身殊有道，医治外物本无方。风流二老长还往，顾我归期尚渺茫。"（《留别金山宝觉圆通二长老》）

《越州张中舍寿乐堂》："青山偃蹇如高人，常时不肯入官府。高人自与山有素，不待招邀满庭户。卧龙蟠屈半东州，万室鳞鳞枕其股。背之不见与无同，狐裘反衣无乃鲁。张君眼力觑天奥，能遣荆棘化堂宇。持颐宴坐不出门，收揽奇秀得十五。才多事少厌闲寂。卧看云烟变风雨。笋如玉箸椹如簪，强饮且为山做主。不忧儿辈知此乐，但恐造物怪多取。春浓睡足午窗明，想见新茶如泼乳。"

写作之时要喝茶，《赠包安静先生茶二首》："皓白生瓯面，堪称雪见羞；东坡调诗腹，今夜睡应休。"

晚间工作要喝茶："簿书鞭扑昼填委，煮茗烧栗宜宵征。

风情百样 苏东坡

乞取摩尼照浊水,共看落月金盆倾。"(《次韵僧潜见赠》)

就连做梦也梦见自己在品茶:"十二月二十五日,大雪始晴。梦人以雪水烹小团茶,使美人歌以饮。余梦中为作《回文》诗,觉而记其一句云:乱点余花唾碧衫。意用飞燕唾花故事也。乃续之,为二绝句云。"这两首诗奇特的是可以倒着诵读,给读者又是一番意境在心头。

其一

酡颜玉盏捧纤纤,乱点余花唾碧衫。
歌咽水云凝静院,梦惊松雪落空岩。

其二

空花落尽酒倾缸,日上山融雪涨江。
红焙浅瓯新火活,龙团小碾斗晴窗。

东坡在黄州时,他的朋友参寥从吴中来访,二人一起品茗畅谈。别后,东坡梦见参寥做了一首好诗,醒来后还记得其中两句:"寒食清明都过了,石泉槐火一时新。"七年之后,苏轼到钱塘去任职,参寥正好住在西湖智果寺,寺院内有一泓泉水,异常甘洌,适合烹茶。寒食过后,东坡与朋友去见参寥。在智果寺内,大家一起汲泉水烹黄蘖茶。在饮茶时,东坡猛然想起上次梦见参寥的事,他就朗声吟诗给大家听。七年前梦中的诗,竟然在今天碰巧应验,在座的朋友无不称奇。

杨万里在《诚斋诗话》中记载了蜀人李珪说的一件事:东坡特喜欢开玩笑,他过润州的时候,太守高会摆宴席招待了他。喝完了酒,他们听歌姬将黄庭坚的《茶》词唱歌:"惟有一杯春草,解留连佳客。"东坡一本正经地说道:"我要留下来吃草。"歌姬就都站在了东坡身后,当时东坡坐在一把交椅上，他倒在交椅上大笑不止，东坡剧烈动作把交椅弄折断了，东坡摔在地上。参加聚会的宾客哄堂一笑而散。

宋神宗熙宁四年（1071年），苏轼任杭州通判。一日他到一座寺院，方丈不知底细，把他当做一般的客人来招待，简慢说道："坐。"叫小和尚："茶。"小和尚端上一碗很一般的茶。方丈和这位来客寒暄后，感到这人谈吐不凡，非等闲之辈，便改口道："请坐。"叫小和尚："上茶。"小和尚赶忙重新泡上一碗茶。最后，方丈终于明白来人就是大名鼎鼎的苏轼，赶紧起座恭请道："请上座。"转身高叫小和尚："上好茶。"临别时，方丈捧上文房四宝向苏轼乞字留念。苏轼爽快地答应了，提笔信手写了一副对联。上联为："坐，请坐，请上座。"下联为："茶，上茶，上好茶。"方丈尴尬羞愧，还能说什么呢。

历史无法复制，东坡和他茶的诗句自是千古绝唱。多才多艺的苏东坡，在中国茶文化的发展史上作出了卓越的无可替代的贡献。

如果说人生是一杯茶，看东坡流离颠沛、坎坷磨砺的人生，他不执著也不固执，不拘泥也不计较，一切苦难并没有使东坡变得委靡狭隘，而是越来越澄明豁达。正因如此，他的生命之茶才能不间断地沏泡出诗意的具有独特魅力的芬芳。

"月有阴晴圆缺，人有悲欢离合，此事古难全"，"归去，也无风雨也无晴"。依然故我，笑对人生。这是何等的大境界，只有明白人如是说，只有明白人做得到。东坡是个明白人。

# 第三章

# 爱唱反调

## ☙ 不合时宜

赵匡胤建立了北宋王朝后演了一出"杯酒释兵权",从此重文轻武。宋王朝可以说是中国古代文人们生活最幸福的朝代。可苏东坡这位大宋一流才子,却没能享受到这一幸福,而是一生命运坎坷、仕途跌宕。这难道是历史的误会?究其原因,这都是他"满肚皮的不合时宜"惹的祸,就是这一条"莫须有"的"罪过",曾使他命悬一线,几乎丢了"老头皮"。那么,苏东坡是怎样不合时宜的呢?

东坡的"不合时宜"主要表现在官场上,就是谁掌权就和谁对着干。

宋神宗赵顼(1067—1085年在位)熙宁二年(1069年)起用王安石任宰相。为振兴北宋王朝,王安石在神宗的支持下开始大刀阔斧地变法，新法推行后取得了一定成效。但由于过于激进加上所变之法并非都是善策，大官僚、大地主一直带头反对，激发了各方面的矛盾。苏东坡认为道德风俗才是国家存亡之所系，希望通过社会各阶层自觉调整来改变社会的衰败，在不引起剧烈变动的条件下施行变法。

王安石变法出发点是无可厚非的，但他的青苗法、免役法、保甲法等许多新法，实施时根本达不到预期的效果，反而给天下百姓增加了很多负担。苏东坡对这些新法极力反对，上《议学校贡举状》反对改变科举，上《谏买浙灯状》反对低价买浙灯四千。

苏东坡的行为引起了以王安石为首的变法派的强烈不满，李定等人对他进行弹劾，东坡遭到当权派的贬谪，两次被贬杭州。熙宁四年（1071年）元月，东坡被任命为杭州通判，此后辗转密州、徐州和湖州。虽然远离了政治斗争的旋涡，但他在地方看到新法的弊端，感觉"如蝇在食，吐之乃已"，他不吐不快。于是在自己的诗歌中对新法之弊进行了批评。在《山村五绝》其三中东坡写道：

> 老翁七十自腰镰，惭愧春山笋蕨甜。
> 岂是闻韶解忘味？迩来山中食无盐。

七十老翁还要上山挖笋蕨，因为他已经穷困得三月食无盐了。这是讽刺新盐法使得山中之人饥贫无食。

实施青苗新法后，人们到官府办理各种手续，加重了农民的负担，又耽误了农时荒芜了土地。《山村五绝》其四是对青苗法的讥讽。

> 杖藜裹饭去匆匆，过眼青钱转手空。
> 赢得儿童语音好，一年强在半城中。

风情百样 苏东坡

东坡所为,正如苏辙为其撰墓志铭所言:"托事以讽,庶几有补于国。"

遭到谪贬后,苏东坡仍然不改本色坚持对抗新政。宋神宗元丰二年(1079年),苏东坡到任湖州还不到三个月,上书《上神宗皇帝书》和《再上神宗皇帝书》给神宗皇帝,反对变法。他的坚持使青苗法完全废止,使穷苦百姓的欠债连利息在内一律得以宽免,给腐败的吏治注入了一缕清新。

元丰二年(1079年)六月,李定、舒亶、何正臣等摘取苏东坡诗中的语句,说他"衔怨怀怒""指斥乘舆""包藏祸心",以"毁谤君相"的罪名,将他下狱,史称"乌台诗案",差点要了他的命。当他出狱后,仍做诗表示了自己的"不服",他说自己"我真是无可救药"。元丰七年(1084年)三月,神宗说苏东坡"人才实难,不忍终弃",从轻发落改他任汝州团练副使。

神宗驾崩后,九岁的哲宗赵煦(1085—1100年在位)即位后,由祖母宣仁太后(高太皇太后)垂帘摄政。高太后颇为赏识东坡的才华,元祐六年(1091年)召他回朝廷,东坡迅速升官,最初知登州,到任五日又以礼部郎中召还京师,很快升迁为起居舍人、中书舍人,成为三品的翰林学士,负责起草诏书,即翰林学士知制诰。东坡达到了他一生仕途的最高峰,也是他人生的又一个转折点。

垂帘摄政的宣仁太后反对变法,保守派得以东山再起。司马光主政后,奉行"祖宗法度不易变动",全盘否定了王安石的变法内容,恢复旧制。看到旧党不分青红皂白这样武断,东坡又站出来了,他说:"校量利害,参用所长。"他认为尽管王安石变法有不少的弊端,但其中也有很多切实可行的内容，有不少可取之处，不能仅凭意气用事一棍子打死，应该区别对待。不要只看到新法之害，而没看到新法之利，去其弊端即可。东坡举出"新法的雇役法就比原来的差役法好"，上书建议保留实行新法有价值的部分。

时任宰相的司马光见苏东坡持这样的态度，勃然大怒："是何奸邪阻扰罢废新法。"这样，东坡又得罪了旧党，再一次遭到贬谪。

元祐七年（1092年）东坡被外放颍州，由颍州（今安徽阜阳）徙知扬州，在扬州他看见各处麦田长势良好，但许多农家院落却荒废无人。这是因为农民无力偿还高额本金利息，为了躲避进监狱，只好丢下将要丰收的田地而逃难。"百姓的信用一旦毁灭，商业必然随之瘫痪，万恶必由此而生。"深知这一点的苏东坡给太后上了一道长五千字的表章，并引用"苛政猛于虎"一句，尖锐地说道："以天下言之，常有二十余万虎狼散在民间，百姓何由安生？朝廷仁政何由得成乎？"在东坡的努力下，终于，表章中所提的公债得以宽免。

其实，对于东坡来说他是无党无私，心怀天下。但就是这种不明朗的政治态度，新旧两党都对他不满和猜忌。在封建官场想要做到无党无私，比登天还难。苏东坡政治上表现出来的"不合时宜"使自己处于两头不讨好的地步。东坡既然是两派的共同敌人，每一次风暴来临自然是在劫难逃。

《宋史·苏轼传》说："自为举子至出入侍从，必以爱君为本，忠规谠论，挺挺大节，群臣无出其右。但为小人忌恶挤排，不使安于朝廷之上。"这才是东坡屡遭陷害的本源。

元祐八年（1093年），高太后去世，宋哲宗赵煦亲政，

风情百样 苏东坡

一朝天子一朝臣,朝中重臣大换班。哲宗继承神宗未竟事业,变法派重新执政,任用从前主张变法的章惇为宰相。于是,风水又倒转过来,新党开始打击司马光的旧党。东坡因为在司马光时代被召回朝廷做过翰林学士,章惇一党于是把苏东坡列为司马光一党,他被冠以"讥刺先朝"的罪名,贬为惠州安置,之后再贬为儋州(今海南州儋州)别驾、昌化军安置,使东坡九死一生。

元符三年(1100年)哲宗去世,徽宗继位大赦天下,东坡复任朝奉郎,得以北归。北归途中,东坡回望自己一生,宦海浮沉,经过这么多的变故,他不禁发出慨叹,借以自嘲。

### 《自题金山画像》

心似已灰之木,身如不系之舟。

问汝平生功业,黄州惠州儋州。

这四句话将东坡晚年心中的悲凉溢于言表。

周国平评价苏东坡说:"读苏东坡豪迈奔放的诗词文章,你简直想不到他有如此坎坷艰难的一生。"东坡一生"历典八州",历经艰难,但他始终以从容、潇洒、旷达的心态来面对一切挫折,从来没有被打倒。"问汝平生功业,黄州惠州儋州。"这其中透露出东坡的无奈,这不仅是东坡的无奈,也是历史的无奈。

东坡的"不合时宜",和当政派对着干,貌似喜欢出风头。其实,对于东坡来说,并不是他不懂封建官场规则,而是他痛恨那种无益的党争;因此,他被当政的各派视为持异见者,频繁遭到打击、贬谪。

东坡的"不合时宜",是他不随波逐流,不为威逼所吓倒，不说空洞的官话，而始终坚持着自己心中的真理，这是他高尚人品的体现。

东坡的"不合时宜"，是他时时拷问自己的良心，良心使然，因而使他屡屡吐露真言；是他始终不肯向权贵低下自己高昂不屈的头颅。

东坡的"不合时宜"，是他坚持读书人的操守与良知，体现实事求是的勇敢精神，展露他人道主义的光辉和独特的魅力，彰显他那伟大高尚的人格与恢弘的气度，令后世怀念。

东坡的"不合时宜"，虽说是他政治生涯的不幸，却是文学之大幸。他在"诗、词、文、书、画"各方面取得的成就独步天下，传颂千古，名垂青史。

东坡的"不合时宜"，虽说使他历尽人世沧桑，却能以豁达的胸襟寓超旷于悲凉之中，这点更令后世景仰。

对后世来说，对历史来说，东坡的这点"不合时宜"又算什么呢？又何尝不是一种幸事呢。

## 苏东坡与屈原赋

没有人怀疑或者否认东坡是我国古代文学史上的"全能运动员"，才华横溢的东坡将屈子之深邃、陶翁之宁静、太白之豪迈、杜叟之深沉等诸多文豪的优点来了个一锅烩，纳于自己的笔端，开创了豪放一派，在历史长河中光辉夺目，冠绝古今。

**风情百样 苏东坡**

自屈原在公元前200多年开创了楚辞（赋）这种文学体裁后，他的作品"逸响伟辞，卓绝一世"，他身后历朝历代辞赋作者无不受其影响，继承和发展了楚辞，历代作者往往借用屈原的诗句、屈原的形式来抒发自己胸中的情绪。

南宋的洪迈却认为："自从屈原词赋里假借渔父、日者问答之后，开创了赋这种文学体裁，也给后代一个竞相模仿的机会。所有后世写作赋的人，语言不能说不工整，但都只是竞相蹈袭沿用屈原的模式，虽然都改了名字换了姓，却没有人能够突破这个俗套，这种旧习气没有人刻意去改变它，创造出一些新意来。仿佛不这样文章就无法写下去了。"

洪迈说这番话，否定了自屈原以后赋作者的成就，将这些作者贬低，目的是为了赞誉他的偶像东坡先生。他评点说东坡就是大鹏鸟，就是蛟龙，东坡以前写作赋的人都成了"不值得一提的林中小鸟"。

洪迈在他所著的《容斋随笔》中，多篇文章都提到了东坡，其中一篇《东坡不随人后》，对苏轼给予了极大的褒扬。

洪迈认为："司马相如《子虚》《上林赋》赋中虚幻了子虚、乌有先生和亡是公；扬雄的《长杨赋》假托翰林主人、子墨客卿；班固的《两都赋》有西都宾、东都主人两个虚拟人物；张衡的《两都赋》虚构了凭虚公子、安处先生；左思的《三都赋》虚构了西蜀公子、东吴王孙、魏国先生；晋人成公绥写《啸赋》，没有宾客和主人两方，也一定要假托一位潇洒公子才能开篇动笔；枚乘《七发》，原本只是假托楚太子和吴客来对答；而曹子建的《七启》，便假托了玄微子、镜机子；张协的《七命》中有冲漠公子、殉华大夫之名。这些词赋都蹈袭沿用屈原的模式，落入俗套，没有任何新意和创造力。

"等到东坡公出现后，作《后杞菊赋》，开篇时突兀而起点破题目直截了当地说：'吁嗟先生，谁使你坐在厅堂上妄称太守？'这就几乎像飞腾的蛟龙、搏击的大鹏，高高翻飞在万里之空九霄之上，没有办法来对答发问。'殆如飞龙抟鹏，翔扶摇于烟霄九万里之外'。难道是那些不值得一提的林中小鸟能够企及的吗？""所能窥其涯"，正是燕雀安知鸿鹄之志哉。"

《后杞菊赋》的全文如下：

吁嗟先生，谁使汝坐堂上，称太守！前宾客之造请，后掾属之趋走。朝衙达午，夕坐过酉。曾杯酒之不设，揽草木以诳口。对案颦蹙，举箸喷呕。昔阴将军设麦饭与葱叶，井丹推去而不嗅。怪先生之眷眷，岂故山之无有？

先生听然而笑曰：人生一世，如屈伸肘。何者为贫，何者为富？何者为美，何者为陋？或糠覈而瓠肥，或梁肉而墨瘦。何侯方丈，庾郎三九。较丰约于梦寐，卒同归于一朽。吾方以杞为粮，以菊为糗。春食苗，夏食叶，秋食花实而冬食根，庶几乎西河南阳之寿。

**译文：**

哎，苏先生，谁叫你坐在堂上称太守的？你身前有众多宾客的拜访、请托，身后有众多的属员来往奔走。你从早上进衙办公一直到中午，下午到傍晚酉时，这样辛劳，却从来没有见过你桌上放着酒，你只是拿着杞和菊来糊弄自己的口

风情百样 苏东坡

腹。人们对着你的饭桌就皱起了眉头,拿起筷子就想吐。从前阴就将军用麦饭和葱叶来接待大儒井丹,井丹认为这是对他的不尊敬,推开不吃。现在,你吃起杞、菊来。我实在不明白,你为什么对这里还这么眷恋,难道你的家乡什么都没有吗?"我听了,哈哈大笑,说:"人生一世,好比臂肘的一伸一屈,什么是贫?什么是富?什么是美?什么是丑?有的人吃麦糠和杂在糠中没有破碎的麦粒却肥肥胖胖,有的人顿顿山珍海味却又黑又瘦。晋朝何曾吃起饭肴菜要摆满了大桌子,而南齐庾杲之吃饭只有三韭。许多人就是在梦中也要分出谁吃得丰盛,谁吃得寒素。这又有什么意思呢?其结果身死都是腐朽。我现在以杞、菊为干粮,春天吃苗,夏天吃叶,秋天吃果实,冬天吃根。我自信能活上百岁,和住在西河的孔子学生子夏差不多,和住在南阳郦县山中饮甘谷水的人一样高寿。"

东坡的这篇赋客人提问题主人来答,这样形式的赋叫主客体。主客体的赋首推屈原的《卜居》《渔父》,篇幅都很短。到了后来,动辄几千字,以至于万字,篇幅大大抻长。西汉司马相如的《子虚赋》《上林赋》、东汉班固的《两都赋》、西晋左思的《三都赋》等。到了西汉时的枚乘写了《七发》,把问答分七段,变成了一种固定的程式。东汉末曹植的《七启》、晁补之的《七述》,都是如此。这种方法作的赋,先是一层一层地铺垫,最后才点到主旨。套路陈旧,味同嚼蜡。

从司马相如、枚乘到晁补之所创造的辞赋,都在辞藻上下工夫,追求富丽,极尽铺扬之能事。都存在着缺乏文学意味、没有新意的缺点。

东坡的《后杞菊赋》，开篇便点到主旨一语中的，结尾戛然而止没有赘言。此赋清新活泼，一扫历朝辞赋的陈规陋习，看似讽刺时政发个人牢骚，触及的却是治国安邦的大理。因而洪迈在《东坡不随人后》一文中予以高度评价，比肩屈子。

毫无疑问，东坡的赋也是源于屈子，但他不仅继承了楚辞的精神，而且发展创新了楚辞。东坡在其赋中所展示的气韵、风格永远是他自己的。读东坡的赋让人感到，在他所创作的字里行间里，好像总要跑出一个豪放不羁的东坡居士来。

正是东坡将这种赋体灵活运用，注入活力，推陈出新，不落俗套，也就是洪迈所说的"不随人后"，使其生机勃勃，出神入化，令人耳目一新，开创了一个崭新的天地，因而得到后世的推崇。

东坡能够做到发展创新，是由东坡倔犟豪放的性格所决定的。东坡的豪放绝不是说些豪言狂语和粗犷放肆的话，而是无所顾忌的一味本色。东坡始终坚持"文以意为主"的主张。东坡赋文字平易，也是他的一个特点。"事供驱使，不必求富；辞只达旨，不在其丽。"汉赋中近贾谊，唐赋中近柳宗元。六朝赋不放在东坡的眼里。

"苏门四学士"之一的晁补之是《楚辞》专家，他评点东坡的《屈原庙赋》说："东坡公的文章常常以实用为主，所作的赋也不都是仿照《离骚》。尽管如此，但也并不是不如《离骚》的。"他还说："东坡居士的词，天地纵横，自是曲中条条框框所禁锢不住的。东坡词如绝世美人洗净脂粉任人去看。他的赋也是这样的。"东坡的赋，真正做到了"赋

者古诗之流"。他的赋如抒情诗,却常有《赤壁赋》那样的纵横议论。

宋朝郎晔认为:晁补之对东坡赋的评论是精到的。

董其昌评点苏轼的《赤壁赋》及其书法做过一段著名的跋语:"东坡先生此赋,楚骚之一变也;此书,'兰亭'之一变也。宋人文字俱以此为极则。"这是对东坡赋最为深切而崇高的评价。

诗与李杜争锋,词独冠古今,画不逊道子,书天下第三,文独步千秋,前后赤壁赋谁能与伦比。

其实,人不在一个时代背景,作文又不同题,描写也不是一个对象,这些都是不能相提并论的因素。因此,就像鸭子与羚羊比赛跑,母猪与猴子比爬树,这种比较本身就没有任何意义。

## 美丽的错误

有道是:人非圣贤孰能无过。东坡也是人,也有失误的地方,他在《二疏图赞》这篇短文中就出现了行文随意、不够严谨,把当时健在的人说成故去,犯了想当然的错误。东坡的这个错误,被宋朝的洪迈记录在《容斋随笔》中。

我们先看看东坡的《二疏图赞》全文:

惟天为健,而不干时。沈潜刚克,以变和之。于赫汉高,以智力王。凛然君臣,师友道丧。孝宣中兴，以法驭人。杀盖、韩、杨，盖三良臣。先生怜之，振袂脱屣。使知区区，不足骄士。此意莫陈，千载于今。我观画图，涕下沾襟。

东坡先生说："西汉孝宣帝为重振汉朝，以法治理国家，驾驭人臣。先后杀掉了盖宽饶、韩延寿和杨恽，这三个人都是忠臣。疏广、疏受两位先生很是怜悯他们，以致为此而激愤得挥动衣袖脱掉鞋子。如果盖宽饶等三人他们知道自己仅仅是区区小臣，他们就不会那样盛气凌人而招来杀身之祸了。这个想法没有人说出来，一直到现在。我看着这幅画，泪水禁不住流了下来。"

然而，根据当时的实际情况考察，汉宣帝元康三年（前63年），疏广、疏受二疏辞去官职回乡时，盖宽饶三人都健在，安然无恙。"方二疏去时，三人固无恙，是尚足传信乎？"这之后两年（神爵二年九月，前60年），盖宽饶才因被解职而自杀。又过了三年（五凤元年十二月，前57年），韩延寿被杀。又三年后（五凤四年十二月，前54年），杨恽被腰斩。三人的死都是在二疏离去之后发生的事。宋人洪迈因此委婉地指出了这位大诗人的错误，做议论性的文章，必须要考证好所引事实确实没有差错之后，才可以使之流传于后世。"作议论文字，须考引事实，不使差忒，乃可传信。"

《邵氏闻见后录》也记载了这件事，也说出东坡在这方面的失误。但与洪迈记录的这件事时间上有两处不同：一是二疏辞去官职回乡的时间上相差一年，二是在杨恽被腰斩的时间上差三年（洪迈记录的时间是正确的）。

《汉史》，孝宣地节三年（前67年），疏广为皇太子太傅，兄子受为少傅，至元康四年（前62年），俱谢病去。后两年，

103

当神爵二年九月（前60年），司隶校尉盖宽饶下有司自杀。又三年，当五凤元年十二月（前57年），左冯翊韩延寿弃市。又一年，当五凤二年十二月（前56年），平通侯杨恽腰斩，皆在二疏去之后。以二疏因杀三人而去者，亦误也。

笔者认为洪迈是东坡先生的铁杆"粉丝"，否则在东坡行文中出现了这样大的失误，将人的性命随意就毙掉了，这本是一件不好交代的事。可是，他洪迈还是竭尽本事挖掘东坡《二疏图赞》中的闪光点加以光大。洪迈说："其立意超卓如此。"

还为东坡的失误进行辩解："盖先生文如倾河，不复效常人寻阅质究也。"在洪迈看来，东坡文思敏捷之下跑点偏是没什么的，即便是人命关天的事情也没什么嘛。东坡的失误是那样的美丽？那样的超绝？不会吧？呵呵！真是情人眼里出西施。

东坡在作文时还出现过其他失误，也都被人拣挑出来。宋人陈善在《扪虱新话》就曾说到东坡在写诗作文时常出史料错误，"用事多误"；而且"其谩骂玩侮亦其常事"。

东坡的《叶嘉传》，以拟人化的词句来赞颂闽茶，是一篇研究中国古代茶史的重要文章，这篇文章中也有明显的纰漏。东坡在文中写道："陆羽为其著行录（即《茶经》）传于世。方汉帝嗜阅经史，时建安人为谒者侍上，上读其行录而善之。"汉武帝喜欢读经史，他阅读"陆羽先生著行录（即《茶经》）"称这本书写得好。这明显把时间弄颠倒了，来了个"关公战秦琼"。陆羽是唐代人，汉武帝哪能读到其《茶经》？

盖宽饶字次公，官至司隶校尉，宽饶为人性格刚直，高风亮节,志在奉公。皇亲国戚以及郡国官员到长安,无论大小错事他都要检举,因此被他弹劾的人很多。然而他又为人苛刻,好陷害他人,与他结怨者甚多,又好借事批评朝政,冒犯皇帝旨意。在朝廷免除了他的官职后愤而自杀。

韩延寿,汉宣帝时期著名的士大夫,官至左冯翊。韩延寿与杨恽、盖宽饶等交好,是士大夫集团重要成员。汉宣帝重用皇族、外戚,排挤、打击士大夫集团。韩延寿被控告判死罪,五凤元年(前57年),韩延寿被害。

杨恽,字子幼,宣帝时曾任左曹,后因告发霍光谋反有功,封平通侯,迁中郎将。位列九卿。其父杨敞曾两任汉宣帝时丞相,其母司马英是史学家司马迁的女儿。他是著名的士大夫,敢于冒死在皇帝面前直谏。轻财好义,奉公守法,不徇私情。后被人检举"以主上为戏(拿皇帝开玩笑),语近悖逆",以大逆不道罪,遭腰斩。

读《二疏图赞》,可见到东坡对二疏遗事有浓厚的兴趣,这是他仰慕二疏敢于在朝廷政事中秉公直谏,回乡后慷慨散金的大度胸怀。

疏广、疏受为叔侄俩,西汉人。汉宣帝时,二疏任太子太傅、太子少傅,被称为贤大夫。疏广总结历史上的为臣之道,认为急流勇退谓之知机才是俊杰。他对侄子疏受说:"历史经验是知足的不受辱没。做人功成名就之时,就应审时度势,急流勇退。人的事业正如太阳月亮,日中而偏,后来居上。我们叔侄今已功成名就,我害怕不趁此时辞朝还家,以后会遗祸无穷啊!"疏受听后,十分赞成叔父的意见。于是,两人同时上表,以年老多病为由辞官,乞准还家,颐养天年。

回到家乡,有位好友曾劝疏广说:"仲翁公,您居官多

风情百样 苏东坡

年,扬名四海,皇上、太子赐金谢教谕情。你家人口众多,子孙满堂,也该广置良田,扩建家宅,使皇恩祖德永庇后世子孙,以免吃食无着之困。"疏广听后说:"故有人不为己天诛地灭之说。我看不尽然,若人人都为己而活,那才要天诛地灭哩。我在有生之年,要做点公益之事,死而安乐。再则,惠及后世要有道,不能教他们坐享其成。如是此,好日子也是一阵子,家败则长远。"疏广看了看他那处旧宅,继续说:"要使后代发达,不是给他们留下多少钱粮家园,应教他们如何做人、如何创业,教其艺胜于授与币啊。"两疏用皇帝赐给的金银广设学馆,不收取学子分文。在办学期间,疏广、疏受兢兢业业,乡邻无不称赞。朝廷以为荣。疏广、疏受辞世后,其故里分别被命名为"东疏"和"西疏"。三百年后,陶潜路过宁邑时,赋五言《咏二疏》:"大象转四时,功成者自去。借问衰周来,几人得其趣。游睢汉庭中,二疏复此举。"

东坡是陶渊明的"粉丝",他几近和遍陶诗。《和陶咏二疏》诗,表达了自己景仰二疏,神交二疏,屡梦二疏的心怀。

二疏事汉时,迹寓心已去。
许侯何足道,宁识此高趣。
可怜魏丞相,免冠谢陋举。
中兴多名臣,有道独两傅。
世途方毂击,谁肯行此路。
是身如委蜕,未蜕何所顾。
已蜕则两忘,身后谁毁誉。
所以遗子孙,买田岂先务。

我尝游东海，所历若有素。
神交久从君，屡梦今乃悟。
渊明作诗意，妙想非俗虑。
庶几二大夫，见微而知著。

## 瞒天过海的礼部试试卷

苏轼生于宋仁宗景祐三年（1036年），嘉祐二年（1057年），21岁的苏轼应礼部试，初出茅庐就一鸣惊人，他的一篇《刑赏忠厚之至论》"文以天下震"。我们先看看苏轼的这篇试卷……

《刑赏忠厚之至论》原文：

尧、舜、禹、汤、文、武、成、康之际，何其爱民之深，忧民之切，而待天下以君子长者之道也！有一善，从而赏之，又从而咏歌嗟叹之，所以乐其始而勉其终。有一不善，从而罚之，又从而哀矜惩创之，所以弃其旧而开其新。故其吁俞之声，欢休惨戚，见于虞夏商周之书。成、康既没，穆王立而周道始衰，然犹命其臣吕侯，而告之以祥刑。其言忧而不伤，威而不怒，慈爱而能断，恻然有哀怜无辜之心，故孔子犹有取焉。

《传》曰："赏疑从与，所以广恩也。罚疑从去，所以慎刑也。"当尧之时，皋陶为士，将杀人。皋陶曰杀之三，尧曰宥之三。故天下畏皋陶执法之

**风情百样 苏东坡**

坚,而乐尧用刑之宽。四岳曰:"鲧可用。"尧曰:"不可,鲧方命圮族。"既而曰:"试之。"何尧之不听皋陶之杀人,而从四岳之鲧也?然则圣人之意盖亦可见矣。《书》曰:"罪疑惟轻,功疑惟重。与其杀不辜,宁失不经。"呜呼,尽之矣。可以赏,可以无赏,赏之过乎仁;可以罚,可以无罚,罚之过乎义。过乎仁,不失为君子;过乎义,则流而入于忍人。故仁可过也,义不可过也。

　　古者,赏不以爵禄,刑不以刀锯。赏之以爵禄,是赏之道行于爵禄之所加,而不行于爵禄之所不加也。刑以刀锯,是刑之威施于刀锯之所及,而不施于刀锯之所不及也。先王知天下之善不胜赏,而爵禄不足以劝也;知天下之恶不胜刑,而刀锯不足以裁也。是故疑则举而归之于仁,以君子长者之道待天下,使天下相率而归于君子长者之道,故曰忠厚之至也。

　　《诗》曰:"君子如祉,乱庶遄已。君子如怒,乱庶遄沮。"君子之已乱岂有他术哉?时其喜怒,而无失乎仁而已矣。《春秋》之义,立法贵严,而责人贵宽。因其褒贬之义以制赏罚,亦忠厚之至也。

**译文:**

　　尧、舜、夏禹、商汤、周文王、周武王、周成王、周康王的时候,他们是多么的深爱百姓、关怀百姓的疾苦,又以君子长者的态度来对待天下人。有人做了一件好事,除了奖赏他,还用歌曲赞美他,为他有一个好开始而高兴,并勉励他坚持这样做下去;有人做了一件不好的事,处罚他之余,又哀怜同情他，希望他抛弃过去而重新开始新的生活。同意和不同意的声音，欢喜和忧伤的感情，在虞、夏、商、周的政治文献里都有记载。成王、康王死后，穆王继承王位，周朝的统治便开始衰落。但是，周穆王还是嘱咐告诫臣子吕侯，要他谨慎地使用刑法。他的说话忧愁却不悲伤，威严却不愤怒，慈爱而能决断，有哀怜无罪者的好心肠。因此，孔子把这篇《吕刑》选进《尚书》里。

孔安国《传》说："奖赏而如有疑问时，应该照样留在应赏之列给予奖赏，为的是推广恩泽；处罚时遇有可疑者，则从应罚之列除去，为的是谨慎地使用刑法。"尧帝当政的时候，皋陶掌管刑法。有一次要处死一个人，皋陶三次说这个人当杀，尧帝却一连三次说应当宽恕。所以天下人都害怕皋陶执法坚决，而赞美帝尧用刑宽大。四岳建议："鲧可以任用。"尧帝说："不可！鲧违抗命令，毁谤同族的人。"过后，他还是说："还是试用一下吧。"为什么尧不听从皋陶处死犯人的主张，却听从四岳任用鲧的建议呢？圣人的心意，从这里可以看出来了。《尚书》说："罪行轻重有可疑时，宁可从轻处置；功劳大小有疑处，宁可从重奖赏。与其错杀无辜的人，宁可犯执法失误的过失。"唉！这句话完全表现出忠厚之意。可以赏也可以不赏时，赏就过于仁慈了；可以罚也可以不罚时，罚就超出义法了。过于仁慈，还不失为一个君子；超出义法，就流于残忍了。所以，仁慈可以超过，义法是不可超过的。

古人奖赏不用爵位和俸禄，刑罚不用刀锯。用爵位、俸禄行赏，只对能得到爵位、俸禄的人起作用，不能影响那些得不到爵位和俸禄的人。用刀锯作刑具，只对受这种刑的人

风情百样 苏东坡

起作用,对不受这种刑的人不起作用。古代君主知道天下的善行是赏不完的,不能都用爵位俸禄来奖赏;也知道天下的罪恶是罚不完的,不能都用刀锯来制裁。所以当赏罚有疑问时,就以仁爱之心对待。用君子长者的宽厚仁慈对待天下人,使天下人都相继回到君子长者的忠厚仁爱之道上来,所以说这就是赏罚忠厚到了极点啊!

《诗经》说:"君子如果欢喜,祸乱差不多就要过去了;君子如果恼怒,祸乱也会快要停止。"君子止息祸乱,难道有什么特异的方法吗?君子不过是适时地控制自己的喜怒,该喜就赏,该怒就罚,喜怒赏罚都不偏离仁慈宽大的原则罢了。《春秋》的大义是,立法贵严,责人贵宽。根据它的褒贬原则来制定赏罚制度,这也是忠厚之至啊!

这篇文章题目为《刑赏忠厚之至论》,译成白话就是:《论述古代君王奖惩赏罚都是本着忠厚宽大的原则》。这个题目难度很大,考生要有丰富的历史知识和理论水平,才能把这篇文章写好。这是苏轼初出茅庐应礼部试答卷。"尧、舜、禹、汤、文、武、成、康之际,何其爱民之深,忧民之切,而待天下之以君子长者之道也",文章起句就开门见山表露出苏轼作为儒生向往上古盛世和睦的理想社会状况,援引古仁者施行刑赏以忠厚为本的故事,阐述了儒家的仁政思想,倾慕如斯。这篇文章以忠厚立论结构严谨说理透彻,气度恢弘意境深邃。一下子就抓住了考官的眼球,拔得头彩。

这次礼部试欧阳修担任主试官,梅尧臣等饱学宿儒做参评官。当梅尧臣阅到《刑赏忠厚之至论》一文后,立即被文章流畅语句飞扬文采又颇有纵横之气所吸引,认为有"孟轲之风",因而特别青睐。梅尧臣将这篇文章推荐给主试官欧阳修。欧阳修看到文章后，大喜过望，以为它"脱尽五代宋初以来的浮靡艰涩之风"，因而十分赏识。

爱才如命的欧阳修（《宋史》上说他"奖引后进，如恐不及"）原本欲将这篇拔擢为第一，但又恐该文是自己的门生曾巩所作。为了避嫌，他劝说同样主张录为第一的梅尧臣将这篇文章列为第二。结果试卷拆封后才发现该文为苏轼所作，而取为第一的却是曾巩的作品。世间事情往往就是这样阴差阳错，不以人的意志为转移。

后来，苏轼在《钱塘勤上人诗集叙》中说："欧阳公好士，为天下第一。士有一言中于道，不远千里而求之，甚于士之求公。"欧阳修光明磊落，爱才惜才到了无以复加的境界，他自然当得起苏轼这番话。

苏轼这篇《刑赏忠厚之至论》，扣紧题目布局谋篇，文笔酣畅，说理透彻，引用圣经贤传与论据紧密结合，仅用区区六百字便将"仁可过，义不可过"说得十分清楚，做得十分出色，令人叹服。宋人曾作为逸话广为流传。

## 一门三父子

历史就是这样有趣，在浩瀚的文学史上，父子、父女作家屡有出现。诸如曹操、曹丕、曹植父子，在文学史上交相辉映、各领风骚；蔡邕、蔡文姬父女，父亲是当时大名鼎鼎的文学家和书法家，女儿博学多才；班彪、班固、班昭，父子父女三人合力完成了功在千秋的我国的第一部纪传体断代史《汉

风情百样 苏东坡

书》，人们称赞这部鸿篇巨制言赅事备与《史记》齐名；到了苏洵、苏轼、苏辙父子时，他们又联袂为世人奉献出一部具有神秘色彩的《苏氏易传》。

《苏氏易传》共九卷，又称《苏氏易解》《东坡易传》《毗陵易传》。《四库全书总目录提要》中记有："苏洵作《易传》未成而卒，属二子述其志。轼书先成，辙乃迻所解于轼，今蒙卦犹是辙解。则此书实苏氏父子兄弟合力为之，题曰轼撰，要其成耳。"这段话说明该书是苏洵首先创作，后遗命二子继续完成。因而这部书是父子三人合力为之合作而成，但也肯定了苏东坡的主要功绩，东坡为这部书付出的精力最多，他是这部书的总撰。

苏洵于宋仁宗嘉祐六年（1061年）在《上韩丞相书》中交代了自己写《易传》的始末："自去岁以来，始复读《易》，作《易传》百余篇。此书若成，则自有《易》以来，未始有也。"欧阳修在《苏明允墓志铭》中说："（苏洵）晚而好《易》，曰：'《易》之道深矣，汩而不名者，诸儒以附会之说乱之也。去之，则圣人之旨见矣。'作《易传》未成而卒。"

苏辙在《东坡先生墓志铭》中也对这本书的写作背景进行了交代："先君晚岁读《易》，玩其爻象，得其刚柔、远近、喜怒、逆顺之情，以观其词，皆迎刃而解。作《易传》未完，疾革，命公（苏轼）述其志，公泣受命，卒以成书，然后千载之微言，焕然可知也。"

《易经》是产生于殷周时著名的占卜书，有很神秘的色彩又有一定哲理。它诞世后，历代都有不少人研究它，后人对《易经》作了许多解释，编写了诸多"易传"。孔子所作《易传》是历代儒家学者的世界观的主要依据之一。汉人解《易》，偏重象数；晋人解《易》，偏重义理。到宋代解释《易经》，则成为风气，许多文人都有解《易》之作。如陈抟的《先天图》《无极图》，欧阳修的《易童子问》，司马光的《易说》，等等。苏东坡因"自恨不知数学"，所以他撰《苏氏易传》偏重于义理分析。

东坡早在青少年时代就开始对《易经》进行研究，浸淫其中几十年。他写《易传》的主要是在两次贬官期间，在黄州时已基本完成草稿，后在岭南惠州、儋州又作了进一步修改和补充。回想自己的创作过程，苏东坡在《夜梦》诗中之感慨："弃书事君四十年，仕不顾留书绕缠，自视汝与丘孰贤？易韦三绝丘犹然，如我当以犀革编。"意思是说孔子在《易经》上花费了许多时间，连穿连竹简（当时用竹片写书）的牛皮条都被翻阅断了。而自己花的工夫比孔子还多，只好用更坚韧的犀牛皮来穿连竹简了。这首诗表明东坡写书很勤奋也很辛苦，耗费了东坡一生很多精力。

《苏氏易传》脱稿后，只有少数几个朋友见过苏东坡的手写书，都极为赞赏。他逝世后，传阅和抄写的人开始多了起来，不少书商也开始刻印。但因宋徽宗严禁苏东坡的诗文流行于世，人们便根据他逝世的常州之雅称"毗陵"，将书改名为《毗陵易传》。因此《苏氏易传》也叫《毗陵易传》，也由此纪念为这部书作出大贡献的东坡。

《苏氏易传》同其他"易传"所解释的《易经》不同的地方有几点：干卦的象辞说："天行健，君子以自强不息。"苏东坡对此解释道："夫天岂以刚故能健哉，以不息故健也。

风情百样 苏东坡

流水不腐,用器不蛊,故君子庄敬日强。安肆日偷(苟且之意),强则日长,偷则日消。"他认为天之健并不是靠"刚",而是靠"不息",才能"日长"。"巽"代表风,是八卦之一。苏东坡认为风总是在"不息"的运动,所以"巽而止蛊"。对《易经》六十四卦中的"蛊者事也"之说,苏东坡则认为:"夫蛊,非事也。以天下为无事而不事事,则后将不胜事矣,此蛊(一种毒虫)之所以为事也。"意思是说毒虫本身不是多大的事,也不会有多大祸害;但因天下为无事而生事,所以毒虫就为大事了。

苏东坡还说,"阴阳相蕴(蓄)而生物,乾坤者,生生之祖也。"他认为:"刚柔相推而变化生。"意思是阴柔阳刚对立的变化才能促进生。同时他还强调"刚柔变化本出于一",即有进则有退,有明则有晦(暗),进退与明晦既是矛盾的也是统一的。他在《毗陵易传》中说:"见其今之进也,而以为非向之退者,可乎?见其今之明也,而以为非向之晦者,可乎?圣人以进退观变化,以昼夜观刚柔,二观主无往而不一者也。"

苏东坡在《苏氏易传》中还说:"古之言性者,如告瞽者,以其所不识也。瞽者未尝有见也,欲告之以是物,患其不识也,则又以一物状之,则又一物也,非是物矣。彼唯无见,故告之以一物不识,又可以多物患之乎?"东坡说"告(指听别人告知的)"与"见(指亲眼所见)"的作用和效果,所以"无见"是人仅凭别人"告"知,是很难准确认识事物的。苏东坡强调凡事需亲身体验才能得到真知。他劝诫人们:不要仅仅满足间接获得的知识,而要同事物直接接触才能有真知灼见。东坡的名句"不识庐山真面目,只缘身在此山中"也正是他对"实践出真知"这一真理的直接体会。

《四库全书总目提要》对《苏氏易传》作了中肯的评价。《提要》中说:"推阐理势,言简易明,往往足以达难显之情,而深得曲譬之旨。盖大体近于王弼,而弼之说惟畅玄风,轼之说多切人事。其文辞博辩,足资启发。"肯定了苏东坡结合现实,从实际出发"多切人事"的观点。

"多切人事"四字,确实是《苏氏易传》的特点,东坡性格豪放不羁,以一代文豪的文笔解《易经》,所呈现出的特点自然是"文辞博辩","言简意明","足以达难达之情,而深得曲譬之旨"。

《苏氏易传》以"借天道谈人事,屏弃玄谈,切近事理",故将易学从高深莫测中解脱出来,使之成为"讲哲理,言人事,砺道德,明心性"的实用之书,因而具有指导人们修身养性、学为所用的实用价值。

古人在表示矛盾的双方时,常以阴阳表示,《周易》也是这样表示。东坡在阐释"一阴一阳之谓道"时也有自己的观点:"阴阳果何物哉?虽有娄旷之聪明,未有得见其仿佛者也。阴阳交然后生物,物生然后有象,象立而阴阳隐矣。凡可见者皆物也,非阴阳也。然谓阴阳为无有可乎?虽至愚知其不然也。物何自生哉?是故,指生物而谓之阴阳,与不见阴阳之仿佛而谓之无有者,皆惑也。圣人知道之难言也,故借阴阳以言之,曰一阴一阳之谓道。"东坡的矛盾观也反映了他的"多切人事"的特点。

但客观地说,东坡在《苏氏易传》上也表现出相信天命的唯心的一面。他说:"死生祸福,莫非命者,虽有圣知,莫知其所以然而然。"这句话揭示出东坡对天命的信仰很虔

风情百样 苏东坡

诚笃实。但东坡在一些具体事物问题上"多切人事",又时常表现出唯物的一面,经常提出一些精辟而深刻的见解。

东坡临终时握着他的好友钱济明的手叮嘱道:"苏轼与公交谊十五年,始于常州,终于常州,此天公以公惠苏轼也。《苏轼易传》书稿,乃吾受先父之托,于儋州三年苦雨终风中沥血而成。汉人解《易》,偏于象数;晋人解《易》,偏于义理;吾之解《易》,多切人事。此稿虽浅陋,不敢与古贤相列,但乃苏轼平生所持政见之源。……苏轼今托于公者,个中情由,公日后当知。苏轼之于世,口孽笔孽均深重难赦,诗词已流于天下,评说由人,不去管了,此书稿愿公善保全之。三十年后,世人或可借此稿以了解苏轼颠沛一世之心迹……"读这段话不能不为东坡"沥血遗言"而感动。

朱熹对《东坡易传》"不知性命之理",而"每为不可言、不可见之说"这些观点最不满意。朱熹以自己的天理、人性诸说为理论基点,对《东坡易传》中的人性理论进行了反驳,并替孟子的"性善论"进行辩护。朱熹说:"苏氏不知其说,而欲以其所臆度者言之,又畏人之指其失也,故每为不可言、不可见之说以先后之,务为闪倏混漾不可捕捉之形,使读者茫然,虽欲攻之而无所措其辨。殊不知性命之理甚明,而其为说至简。今将言之而先日不可言,既指之而又日不可见,足以眩夫未尝学问之庸人矣。由学者观之,岂不适所以为未尝见、未尝知之验哉!"(《杂学辨·苏氏易解》)

陆游却给予《苏氏易传》很高的评价:"自汉以来,未见此奇特。"陆游还认为:"东坡汇百川支流,滴滴归原,而滔滔汩汩以出之,万斛不能量也!"他肯定了苏东坡汲众家之长,有了"万斛不能量"之博识。陆游说:"《易》道广大，非一人所能尽，坚守一家之说，未为得也。元晦（朱熹）尊程氏至矣，然其为说亦已大异，读者当自知。"对朱熹尊程氏驳斥东坡的观点，陆游予以反对。

其实，东坡本是文学家，不是思想家，因而有其"理论不能严密贯澈"，"理论上有不一贯之点"的缺陷；但东坡在博采众家之长的基础上，对以往的种种人性、观点进行较为深入的反思和剖析，并提出了自己独到的观点和见解。这些对于后世来说都有着重大的研究价值。

《苏氏易传》是"三苏"世界观的集中表现。既是"三苏"父子"合力为之"的结果，也是东坡"独得伏羲、文王超然之志"而成就的一代名著。不可否认，在这部传世之作中，东坡的思想占主导地位，研究东坡，《苏氏易传》不可遗漏。

## 一代宗师

读武侠小说，看那些潜心创造出独家武功行走在江湖之上的开山立派宗师，衣裾飘飘，江湖之上，号令天下，煞是令人羡慕。东坡虽说不是武功高手，但他在文学天地上也是一个开山立派的一代宗师。

何谓檃栝？也称檃括、隐括、檃栝，本意是这样的："枸木必将待檃栝烝矫然后直。"枸木一定要等到将它用工具矫正然后才会变直，不锋利的兵器一定要等经过磨砺之后才会变得锋利。语出《荀子·性恶》。《古今汉语实用词典》中

## 风情百样 苏东坡

对"檃栝"有两条注解:一是矫正竹、木弯曲的工具。二是就原有文字的内容进行剪裁改写。这种再创作就是将原作的文体写成另一个文体,体裁可以自由转换,但不脱离原作的内容和词句。本文所说的就是对原有作品的再创作。

首次使用"檃栝"这个术语进行这个文学题材创作的人是苏东坡。所以,东坡就是宋代檃栝词风的一代宗师开创者。

苏轼"檃栝"创作的代表作是将陶渊明的《归去来辞》檃栝为《哨遍》。陶渊明是东坡十分钦佩和向往的人。东坡的恩师欧阳修也十分欣赏陶渊明的传世鸿篇《归去来辞》,曾评论说:"晋无文章,惟陶渊明《归去来辞》一篇而已!"东坡谪居黄州时,建了十分简陋的"雪堂",自号东坡居士。他的朋友董毅夫却极为欣赏,想和东坡做邻居。于是,东坡取《归去来辞》进行檃栝,使这篇文章符合声律,赠给毅夫,让家童来演唱。东坡也放下手中的农具跟着高唱,把正在干活的老牛牛角当成乐器来打拍子。这是多么高兴的事啊。

东坡《哨遍·檃栝〈归去来辞〉》全文如下:

公旧序云:陶渊明赋归去来,有其词而无其声。余治东坡,筑雪堂于上,人俱笑其陋。独鄱阳董毅夫过而悦之,有卜邻之意。乃取归去来词,稍加檃栝,使就声律,以遗毅夫。使家童歌之,时相从于东坡,释耒而和之,扣牛角而为之节,不亦乐乎。

为米折腰,因酒弃家,口体交相累。归去来,谁不遣君归,觉从前皆非今是。露未晞,征夫指予归路,门前笑语喧童稚。嗟旧菊都荒,新松暗老,吾年今已如此！但小窗容膝闭柴扉，策杖看孤云暮鸿飞。云出无心，鸟倦知还，本非有意。噫！归去来兮，我今忘我兼忘世，亲戚无浪语，琴书中有真味。步翠麓崎岖，泛溪窈窕，涓涓暗谷流春水。观草木欣荣，幽人自感，吾生行且休矣！念寓形宇内复几时？不自觉遑遑欲何之，委我心去留谁计？神仙知何处，富贵非吾愿。但知登山临水啸咏，自饮壶觞自醉。此生天命更何疑，且乘流遇坎还止。

东坡的《哨遍》既突出原文重点，又高屋建瓴兼顾各方，东坡意在效仿陶渊明崇尚自然的生活方式。南宋著名词论家张炎评价东坡的櫽栝时说："《哨遍》一曲櫽栝《归去来辞》更是精妙，周（邦彦）、秦（少游）诸人所不能到。"

但这篇《哨遍》并不是东坡创造櫽栝这一文体的第一篇文章。东坡首试牛刀的第一篇作品是将韩愈的《听颖师弹琴》櫽栝为《水调歌头》。

欧阳修曾经问东坡："历史上谁写琴诗写得最好？"东坡说韩愈《听颖师弹琴》是最好的。欧阳修认为韩愈的这首诗内容上似乎不是听琴，更像是描写听琵琶的。苏轼也认为是这样的。后来章质夫家里善弹琵琶的向东坡求歌词，东坡便将韩愈的这首诗《听颖师弹琴》櫽栝为《水调歌头》：

昵昵儿女语，灯火夜微明。恩怨尔汝来去，弹指泪和声。忽变轩昂勇士，一鼓填然作气，千里不留行。回首暮云远，飞絮搅青冥。众禽里，真彩凤，独不鸣。跻攀寸步千险，一落百寻轻。烦子指间风雨，置我肠中冰炭，起坐不能平。推手从归去，无泪与君倾。

**风情百样 苏东坡**

东坡在这首词中第一次提出和使用了檃栝这一新颖方式，开创了檃栝的先河，成为一代开宗立派的宗师。经过东坡檃栝之后的词情感和色彩比原诗更多了深情。苕溪渔隐曰："东坡尝因章质夫家善琵琶者，乞歌词，取退之《听颖师弹琴》稍加檃栝，使就声律，为《水调歌头》以遗之。其序云：'欧阳修谓退之此诗最奇丽，然非听琴，乃听琵琶耳。余深然之。'旧都野人乃谓'此词自外取意，无一字染着'。彼盖不曾读退之诗，妄为此言也。又谓'居士之文采窃处，取白乐天《琵琶行》意。此尤可绝倒也'。"

苏东坡将陶渊明的《归去来辞》檃栝为《哨遍》（为米折腰），韩愈的《听颖师弹琴》檃栝为《水调歌头》（昵昵儿女语）之外，还将白居易《寒食野望吟》的檃栝为《木兰花令》、杜牧的《九日齐山登高》词檃栝为《定风波·与客携壶上翠微》、张志和的《渔歌子》檃栝为《浣溪沙·西塞山前白鹭飞》等等。东坡也曾将自己的诗进行檃栝，《定风波咏红梅》词檃栝为《红梅》诗。东坡多次檃栝他人的诗、赋入词，在文学浩瀚星空中潇洒走了一回。

东坡在前边披荆斩棘，他的弟子黄庭坚后面紧随。黄庭坚曾将欧阳修流传千古的名篇《醉翁亭记》檃栝为歌词《瑞鹤仙》："环滁皆山也。望蔚然深秀，琅琊山也。山行六七里，有翼然泉上，醉翁亭也。翁之乐也，得之心，寓之酒也。更野芳佳木，风高日出，景无穷也。游也，山肴野蔌，酒洌泉香，沸觥筹也。太守醉也，喧哗众宾欢也。况宴酣之乐，非丝非竹，太守乐其乐也。问太守为谁？醉翁是也。"《醉翁亭记》原文共四百余字，经黄庭坚檃栝后不到一百字。而将主题原意全部概括了进去。原文连用二十一个"也"

字,而《瑞鹤仙》则以"也"字押韵,既保留了原来的风格,又适应了词的格律要求。后人十分赞赏黄庭坚"青出于蓝而胜于蓝"的檃栝本领,不辱"苏黄"之称。

东坡振臂一呼,不只黄庭坚跟着摇旗呐喊,应者如云。宋代词人如秦观、晁补之、周邦彦、赵令畤、贺铸、米友仁、程大昌、曹冠、姚述尧、朱熹、辛弃疾、林正大、方岳等等,都采用此法创作檃栝词一时形成风气。北代的词坛在东坡之后姹紫嫣红热闹一时。

继东坡檃栝《归去来辞》后,米友仁、杨万里、林正大也先后跟着东坡的足迹摇旗呐喊。东坡本人著名的《赤壁赋》也不断被人拿来"开刀"。在他身后曾有五位词人创造了七篇檃栝词,有朱敦儒(南宋初期)、曹冠(南宋中期)、刘学箕(南宋后期)、林正大(南宋晚期)、刘将孙(宋末元初),又被元代孙季昌檃栝入曲《点绛唇》。

晁补之的《洞仙歌》檃栝的是卢照邻的诗《有所思》,贺铸的《替人愁》词檃栝杜牧的《南陵道中》诗,胡仔的《水龙吟》檃栝李长吉《美人梳头歌》,辛弃疾的《声声慢》檃栝陶渊明《停云》诗、《八声甘州》词檃栝司马迁的《史记·李将军列传》,周邦彦的《烛影摇红》词檃栝王诜的词《忆故人》而成。

檃栝绝不是随意信手而为的。这种看似容易的再创作,要求必须有高度概括、凝练的能力,而且还要传达出原作者的感情色彩和语言风格,是有相当难度的。檃栝的一个主要特点是增损后微改其词而不改其意;檃栝的主要目的是使原作由此而就声律。被檃栝的原著本身往往就是名篇,这不是"点石成金"而是"金上镶玉",稍有差错弄成"点金成铁"

就会贻笑大方了。

东坡开创檃栝体一方面反映了作者对于前人作品的欣赏之情,借檃栝形式以寄托表达自己的思想感情;二是通过"以文为诗""以诗为词""以文为词"等形式,赋予其他文体与音乐结缘,便于这些优秀作品在民间更广为流传;三是这种形式反映了宋代词人的艺术才华,展示了作者深厚的语言功力;四是反映出作者的苦心孤诣及手段的高明以及浪漫的情怀。

其实,阳春白雪,萝卜白菜,各有所好,这才是真实的生活。面对不喜欢的,"后退一步天地宽",又何必一棍子打死,何必强求呢?

# 第四章

# 坎坷人生

## 祸从口出

东坡口无遮拦，是很敢说话的，是不怕得罪人的。无论同僚还是上级，他一律都随意拿人家开玩笑；东坡也是很孤傲狂妄的，他恃才傲世没有几个古人能入他的法眼。"苏门四学子"黄庭坚就曾说过东坡这一点："东坡文字妙一世，其短处在好骂尔。"

东坡说："余亦以谓唐无文章，唯韩退之《送李愿归盘谷》一篇而已。平生愿效此作一篇，每执笔辄罢。因自笑曰：不若且放教退之独步。"（《跋退之送李愿序》）

呵呵，纵观历史，也就东坡敢用这口气说话。至于什么"天下文章数三江，三江文章数吾乡，吾乡文章数舍弟，我为舍弟改文章。"这只是茶余饭后徒添笑料罢了。

**风情百样 苏东坡**

东坡还嘲笑当时文人只会堆砌华丽辞藻啰啰唆唆，还自以为是司马相如再世。即便人家司马相如不找你的事，但那些看文章的人恐怕会"瞌睡落床"，上哪里去体味什么"飘飘然有凌云之气"那种感觉。"司马长卿作《大人赋》，武帝览之，飘飘然有凌云之气。近时学者作拉杂变，便自谓长卿。长卿固不汝嗔，但恐览者渴睡落床难以凌云耳。"（《书拉杂变》）

上至天子、大儒下至寻常百姓，没有东坡不敢嘲笑贬低的："武帝无道，无足观者"，"孟子乱儒家"，"卫青只不过是个奴才"，"司马迁有两大罪"，"柳宗元敢为诞妄"，还说杜甫有的诗简直就是"村陋"……

更有甚者，东坡竟然说出"武王非圣人"这样惊世骇俗的话来。

武王伐纣这一历史事件，历史上一直能公正地看待。当时商纣王统治暴虐昏庸，宠幸苏妲己，唯妇人言是听。杀王子比干，囚禁箕子，太师疵、少师彊见纣王已不可救药，抱着乐器逃离朝歌。百姓都不敢正视，缄口不言，商王朝内部矛盾激化到了爆发的边缘。

看到商朝统治者昏庸无道，在民不聊生、民声鼎沸之时，武王顺应历史潮流顺势而起，他打出了为民请命、替天行道的旗号，因而获得了天下百姓的拥护支持，从而大大地扩大了自己的实力和影响力，周武王有着广阔的心胸和远大的眼光，以其杰出的个人魅力，赢得了百姓的爱戴。他率领周军攻打纣王，商朝灭亡，建立了中国历史上统治时间最长的一个朝代周朝，代替了腐朽的商王朝。武王也成为历史上数得着的名王之一，受到后人称颂。《史记·周本纪》说："武王克商，成王定之，康王息民。"

改朝换代的时候已经来临，前行的历史车轮已经势不可当。武王伐纣，灭殷兴周。没有谁说武王做得不对。

但东坡先生却不是这样认为的。

东坡在《武王非圣人》一文中，极力反对和批评了武王伐纣，提出"天下归仁"的原则。东坡说：即使纣王暴虐无道，也不能诉诸武力。他认为："以仁义救天下，天下既平，神器自至，将不得已而受之；不至，不取也。"

东坡还说，"天下无王，有圣人者出，而天下归之，圣人所以不得辞也。而以兵取之，而放之，而杀之，可乎？"

"殷有天下六百年，贤圣之君六七作，纣虽无道，其故家遗民未尽灭也。三分天下有其二，殷不伐周，而周伐之，诛其君，夷其社稷，诸侯必有不悦者，故封武庚以慰之，此岂武之意哉？故曰：武王非圣人也。"

东坡受的是正统的儒家传统教育，他的儒家思想主要表现在三个方面：第一是忠君、报国、利民的从政原则，第二是德治仁政的政治理想，第三是"穷则独善其身，达则兼济天下"的处世态度。虽然东坡的思想以儒家为主，但儒家经典并不能束缚思想解放自由奔放的东坡。因而他在评价历史人物、议论古人古事时多发前人之未发的观点。这篇《武王非圣人》，提出武王伐纣是以臣弑君，并连及汤之伐桀。

东坡还对孟子所言的"吾闻武王诛独夫纣，未闻弑君也"予以批评，严厉指出孟子这是乱了孔子的"家法"。

在东坡所处的封建时代，"薄汤、武而非周、孔"，往往成为"名教之罪人，天下之公敌"。但思想活跃的东坡就敢

**风情百样 苏东坡**

于冒天下之大不韪公然指责汤、武之篡弑,这实属"胆大妄为"。东坡大有"语不惊人誓不休"的势头。大概是这位东坡先生就喜欢和他人不一样,太爱出风头了。

可事实上东坡也不是一直就否定武王的。他在刚一出道时所做的《刑赏忠厚之至论》一文,就肯定了武王和尧舜禹一样是古之君子长者。"尧、舜、禹、汤、文、武、成、康之际,何其爱民之深,忧民之切,而待天下以君子长者之道也。"可是,东坡后来又喊出"武王非圣人"的"正义呼声"。东坡这样自相矛盾、左右互搏,这又是怎样一回事呢?这真是奇怪了。

还有,东坡一生都大谈"超然物外",极力表示要像陶渊明那样归隐山林;可是他在行动上又极度留恋红尘,执著追求功名,直至生命最后一息。这不是也很自相矛盾的吗?窃以为:世间万物包括人,都是发展变化的。每个人都是寻找、引用对自己有利的佐证来证明自己的观点正确。这样做天经地义,没什么好奇怪的。

东坡《和陶贫士七首其二》表露了他的心态。

> 夷齐耻周粟,高歌诵虞轩。产禄彼何人,能致绮与园。古来避世士,死灰或余烟,末路益可羞,朱墨手自研。渊明初亦仕,弦歌本诚言。不乐乃径归,视世羞独贤。

东坡说:就是伯夷、叔齐这样的古代高士,他们宁肯饿死也不食周粟,但他们高歌赞扬虞舜、轩辕,也没有脱离俗世超然物外;吕产、吕禄算什么东西,只凭着"卑辞厚礼"竟然把"商山四皓"罗致来了;陶渊明不愿意为五斗米折腰,但也曾没办法之际而奔走仕途。自古以来的高士都未能忘情世事，都有矛盾的一面，何况我苏东坡呢？

自人类进化完成后，有哪里记载着某位先贤、大哲终其一生言行一致？在我们生活周边，你就是找到地老天荒，你也甭指望着能找到这样的人。那么，去史海典籍中找吧，摸爬滚打几个来回，找得海枯石烂也不见一人踪影。就说圣人孔子，一方面教育弟子"孝乎惟孝"。以孝为先，可以影响政治，这也就是从政，为什么做官才是从政呢？他还支持曾晳回归自然的志向。"莫春者……风乎舞雩，咏而归"，鼓励弟子与世无争。一方面又赞同子夏所言"学而优则仕"。孔子说："冉雍，可以做一个地方的长官。"说到他自己，则说道："假如有人聘我去管理国家，一年可以治理就绪，三年就有成就。"他带领弟子周游列国，到处讲他的仁政治国理念理想。人都是矛盾的结合体。

但就东坡来说，这类狂傲厥词，对他的人生也没产生多大好处，没给他带来多大裨益。相反，他为此付出的惨重代价，远远大于他的沾沾自喜、孤芳自赏。东坡一生坎坷，不断遭到谤讪和贬斥，最后中了南方瘴疠毒气，死于北返路上，连自己的身家性命都搭上了。

究其原因，主要是他的这一类"恃才自傲"的言论，得罪人太多太深，为自己树敌太多的缘故。

宋人蔡绦所著《铁围山丛谈》卷三中的有一段话透露出其中秘密："东坡公元祐时既登禁林，以高才狎侮诸公卿，率有标目，殆徧也，独于司马温公不敢有所重轻。一日相与共论免役差役利害，偶不合同。及归舍，方卸巾弛带，乃连呼曰：'司马牛！司马牛！'"

东坡还曾经笑骂墨守成规的程颐是"鏖糟陂里叔孙通"，

**风情百样 苏东坡**

从此二人结怨,以后演变成以苏轼为首的"蜀党"与以程颐为首的"洛党"党争,使东坡再度遭受打击。

《周易·系辞》上说:"言行君子之枢机,枢机之发,荣辱之主也。"这就说:一个人的言行能够主宰他自己的荣辱。孔子说:"刚强、果敢、朴素、慎言,有了这四种品德就接近于仁了。"孔子还说:"君子说话要迟缓,行动要敏捷。"君子有改天换地的抱负与责任,言行怎能不谨慎呢?

《曲洧旧闻》记载,"东坡性不忍事,尝云:'如食中有蝇,吐之乃已。'晁美叔每见,以此为言。坡云:'某被昭陵(宋仁宗赵祯)擢在贤科,一时魁旧往往为知己,上赐对便殿,有所开陈,悉蒙嘉纳。已而章疏屡上,虽甚剀切,亦终不怒。使某不言,谁当言者?某之所虑,不过恐朝廷杀我耳。'"

《宋史·苏轼传》也说:"轼稍自韬戢,虽不获柄用,亦当免祸。""虽然,假令轼以是而易其所为,尚得为轼哉!"东坡一生一直都是"明知山有虎,偏向虎山行",江山易改本性难移,这才是东坡本色。

这样看来,东坡身边的上下级他都得罪遍了。如果在官场搞个民意测评,东坡大概只能得到一票,还得是他自己投给自己的。

这样说来,自身狂傲,刚愎自用,因而一生不断遭人诋毁污垢报复陷害,才是东坡客死他乡的主要因素。这对东坡来说是一个悲剧,对历史来说也是一个悲剧。对文学来说,却是大幸。

## 东坡开药方

东坡先生一生屡遭贬谪漂泊不定，先后两次被贬到杭州。宋神宗熙宁四年（1071年），35岁的东坡被下放到杭州任通判，四年间除了留下点诗文没参与什么政事。宋神宗元祐四年（1089年），53岁的东坡有了第二次杭州之行，这次是以龙图阁学士的头衔任杭州知州，兼辖浙西七州，和第一次完全不一样。在第二次到杭州的三年时间里，东坡留下了大量为人称道的业绩，其中之一是开办了中国第一家看病住院不收钱的公立慈善医院"永安坊"，在史册上留下了令人称道的一笔。

东坡第二次到达杭州的时间是宋神宗元祐四年（1089年）七月，当时杭州大涝之后又是大旱，农田颗粒无收，饥荒和瘟疫并行，灾情十分严重。东坡一到杭州，立即着手救灾，他接连七次上书朝廷陈述杭州灾情，请求朝廷免去杭州的秋税，赐予度牒以赈济等，他还把朝廷拨给他修官舍的钱全部用来买粮救灾。第二年春天，又采取措施控制米价。苏轼采取的各条救灾之法切实有效，缓解了当地灾情给百姓生命造成的危害。

《宋史·苏轼传》记载："既至杭，大旱，饥疫并作，轼请于朝，免本路上供米三之一，复得赐度僧牒，易米以救饥者。明年春，又减价粜常平米。"

**风情百样 苏东坡**

大灾之后有大疫。元祐五年（1090年）正月，由于涝灾和旱灾的连续危害，杭州暴发了严重的瘟疫。病人的主要症状是手脚冰凉，腹痛腹泻，发热恶寒，肢节疼痛等。这是一种来势汹汹的可怕寒疫，当地医生都一筹莫展救治无法。又因粮食短缺导致粮价暴涨，出现了大面积饥荒，不少人被迫用草根树叶来填饱肚子，杭州百姓祸不单行饥疫并作，危在旦夕。

天降苏知州救民于危难。东坡亲自开了一剂名"圣散子"的药方，这个药方主治瘟疫，他让杭州宝石山楞严院的僧人按方大锅熬药，然后分设在杭州城街头，布施百姓喝药防疫，不问男女老少，各服一大碗，可避瘴气。东坡的这个药立刻见效，患病轻的一大碗喝下去很快就能见效，病重的连服几碗，配上饭食也会得以康复。瘟疫被苏轼的"圣散子"降伏，救活的百姓数不过来。"所全活者，至不可数。"

"圣散子"这剂药方，在《苏学士方》和《苏沈良方》中都有收录。《苏东坡全集》第四卷《圣散子叙》曰："用《圣散子》者……状至危急者，连饮数剂，即汗出气通，饮食稍进，神宇完复。"《苏东坡全集·圣散子后序》曰："圣散子主疾，功效非一。去年春，杭之民病，得此药全活者不可胜数。所用皆中下品药，略计每千钱即得千服，所济已及千人。由此积之，其利甚薄，凡人欲施惠而力能自办者，犹有所止。若合众力，则人有善利，其行可久。今募信士就楞严院修制，自立春后起施，直至来年春夏之交。有入名者，径以施送本院……"苏东坡十分推崇"圣散子"的神奇疗效，亲自撰文在民间加以推广这剂药，"饮食备常，百疾不生"。

东坡之弟苏辙在描述这件事时说：东坡认为杭州是水路陆路交通要塞，人员流动频繁，因而得瘟疫病死的数量通常比别的地方要多，所以要设立治病坊。东坡带头捐出五十两黄金，还从公款里拨出两千缗钱，作为治病基金，设立了由官府主持的治病坊，名为"安乐坊"。东坡令各处大量熬煮加了药剂的粥，派遣官吏带领郎中到各个"安乐坊"给病人看病，救活的人很多。东坡还经常亲临病坊督导指挥各方面的工作，派寺院僧医管理坊事。东坡为了让这个"安乐坊"模式能长久存在下去，后采取并置田获利等方法经营下去，到了东坡去世的时候还在运营着。

南宋周煇《清波别志》中记载："苏文忠公知杭州，以私帑金五十两助官缗，于城中置病坊一所，名安乐，以僧主之。三年医愈千人，与紫衣。后两浙漕臣申请，乞自今管干病坊僧，三年满所医之数，赐紫衣及祠部牒一道。从之，仍改为安济坊。""安乐坊"不是一个临时性的医疗场所，"安乐坊"的医务人员主要是僧人，朝廷鼓励这样志愿为民的"医僧"，特规定医生以僧人为主，三年医治超过千人的，朝廷"赐紫衣及祠部牒一道"嘉奖管理病坊的医僧。救治的每个病人都有记录。

"安乐坊"接受社会各方施助，并通过置田获利等，来维持病坊运转开支，"稍畜钱粮以待之，至于今不废"。苏东坡将原来收到某宣德的一笔礼金以此人名义转捐赠给了杭州病坊，以"用助买田"。苏东坡《与某宣德书》曰："蒙遣人致金五两、银一百五十两为赆仪。自黄迁汝，亦蒙公厚饷。……作公意，舍之病坊。此盖某在杭日所置，今已成伦理。岁收租米千斛，所活不赀，故用助买田，以养天民之穷者。"

风情百样 苏东坡

实际上当时治病坊不止一处"安乐坊",总共有五处。南宋《咸淳临安志》记载:"惠民和剂局,在太府寺内之右,制药以给惠民局,与暑腊药之备宣赐者。太平惠民局,局凡五,绍兴五年置,从户部侍郎王俣之请也。南局,在三省前;西局,在众安桥北;北局,在市西坊南;南外局,在浙江亭;北外局,在北郭。"

东坡离开杭州前将此病坊迁移到西湖边,由公立变为自负盈亏的私立医院,继续为民治病医疗慈善由寺院走向社会所迈出的关键第一步。

苏东坡在杭州创设的救治贫困民众的"安乐坊",是苏东坡以杭州知州的身份创立的杭州历史上最早的医院,也是中国第一家官办民助平民慈善医院,最早公私合资的医院,这在中国医学史上有很重要的开创性地位,是中国医学史上的一块里程碑。

蔡京当宰相之后在他的主导下,"安乐坊"模式后被纳入国家救济体系,大规模实施遍布全国一直延至南宋末年,即发轫于此。

苏东坡在杭州的政绩可圈可点令人称赞。东坡竭尽所能开创性的统筹制药施药治病救人,控制了瘟疫,想方设法筹建"安乐坊"救治穷苦百姓,展示了东坡心系苍生天下黎民的菩萨心肠。不仅使灾民在经济上有出路,同时还安定了社会,避免了大疫的蔓延。他还采用以工代赈的方法疏河道,浚西湖,筑苏堤,整治六井等,不仅使灾民在经济上有出路,同时还安定了社会。他爱护杭州的百姓,在百姓心目中树立了崇高的声望。因此杭州人也以真诚相报,家家挂有东坡的画像,为他建立了祠堂。"轼二十年间再莅杭,有德于民,家有画像,饮食必祝,又作生祠以报。"

东坡于元祐五年(1090年)端午写了《南歌子·杭州端午》:"山与歌眉敛,波同醉眼流。游人都上十三楼,不羡竹西歌吹、古扬州。菰黍连昌歜,琼彝倒玉舟。谁家水调唱歌头,声绕碧山飞去、晚云留。"表现了大疫之后再现端午盛景、东坡如释重负的一种心境。

然而可惜的是,东坡调离杭州之后,这里的"安乐坊"没能维持几年,慈善事业后继无人。这也使人慨叹:这当官做人的差距真是太大了。

## 当上"煤老板"

> 苏东坡任徐州知州时,发现、开采并使用了煤炭(唐宋时期称为石炭)这一山中"遗宝",揭开了徐州煤炭开采的序幕,东坡也由此当了一回"煤老板"。

宋神宗熙宁九年(1076年)十二月,东坡被罢密州任,熙宁十年(1079年)二月调任徐州知州,四月东坡到任。七月十七日,黄河在澶州(河南濮阳)曹村决口,洪水向东南灌流,八月二十一日滔滔洪水抵达徐州城下,并汇流于城墙之下不断高涨。"彭门城下水二丈八尺,七十余日不退……"东坡带领徐州百姓抗洪两月余,保住了城池。元丰元年(1078年),这个寒冬雨雪交加,薪柴奇缺并贵得离谱,有时一床被子还换不到半捆湿柴。

风情百样 苏东坡

当时,山西已用煤代替木材。东坡受到启发,派人在徐州附近四处找煤,以解决百姓无以为炊之急。这煤还真叫东坡给找着了,在徐州西南的白土镇发现了,东坡立即组织人力采挖。白土镇采挖出煤炭,解决了徐州百姓的燃炊之急,生活大计。兴奋之中,东坡作《石炭并序》记录这件事:

彭城旧无石炭,元丰元年十二月,始遣人访获取于州之西南白土镇之北,以冶铁作兵,犀利胜常云。该诗云:

君不见前年雨雪行人断,城中居民风裂骭。

湿薪半束抱衾裯,日暮敲门无处换。

岂料山中有遗宝,磊落如磐万车炭。

流膏迸液无人知,阵阵腥风自吹散。

根苗一发浩无际,万人鼓舞千人看。

投泥泼水愈光明,烁玉流金见精悍。

南山栗林渐可息,北山顽矿何劳锻。

为君铸作百炼刀,要斩长鲸为万段。

这首诗前几句"君不见前年风雪行人断,城中居民风裂骭。湿薪半束抱衾裯,日暮敲门无处换。岂料山中有遗宝,磊落如磐万车炭。流膏迸液无人知,阵阵腥风自吹散"。诗人以饱含激情的笔触,写出了徐州百姓为区区烧柴,顶风冒雪,四处奔走,致使城中有人抱被子换柴冻裂腿脚的苦难情景。充分反映了缺少燃料给百姓生活所造成的艰难程度。

发现开采煤炭之际,"根苗一发浩无际,万人鼓舞千人看"。东坡描写了万众欢腾的喜悦情景,体现了东坡融在百姓之中,对百姓生活的关切之情。

"投泥泼水愈光明,烁玉流金见精悍。南山栗林渐可息,北山顽矿何劳锻。为君铸作百炼刀,要斩长鲸为万段。"说用白土镇之煤，冶利国驿之铁作为兵器，犀利胜常。东坡在上奏皇帝的《徐州上皇帝书》中有专门谈利国铁矿的文字，说："州之东北七十余里，即利国监，自古为铁官、商贾所聚……地即产精铁，而民皆善锻……数千人之（兵）仗，可以一夕具也。"可见利国监生产兵器能力之强。用石炭作燃料，可增高炉温，加速铁矿石冶炼过程，改善钢结构，同时可节省大量的木材，故"冶铁作兵，犀利胜常云"，不用再砍伐南山木材了"南山栗林渐可息"。东坡积极采取开发石炭，冶铁作兵的措施，不仅着眼于解决百姓的疾苦，而且考虑到国家安危，具有高瞻远瞩的卓越见识。

东坡的这首诗内容丰富以诗记事，正面歌颂煤炭开采，描绘了发现煤矿之后当时的情景，记载了诗人的满怀激情，也为东坡诗歌广泛题材、深刻思想，作了最好的诠释，是东坡流传千古的诗篇中较有特色的一篇，在我国浩如烟海的古典诗歌中较为罕见。虽然日月如梭，斗转星移，九百多年过去了，但这首诗被吟唱至今。《石炭并序》收集在《苏轼诗集》卷十七中。

东坡在徐州没有片刻得闲，他在百步洪种柳、戏马台植松、白土镇找煤、利国驿捕盗等为徐州百姓做了大量善事，在徐州百姓中留下许多美谈，而首次成功地开采和使用煤炭，缓解了百姓生活燃眉之急又解决了冶铁生产问题，"徐州煤史，始于东坡，徐州百姓千年被其余泽"。

东坡这个"煤老板"是心系百姓、胸怀国家高风亮节的"煤老板"，东坡的这一段政绩，更使他在徐州的建树名垂千秋。因而神宗皇帝褒奖道："得汝以安，朕甚嘉之。"

## 终身憾事

"道大不容,才高为累。皇天后土,鉴平生忠义之心;名山大川,还千古英灵之气。识与不识,谁不尽伤;闻所未闻,吾将安放!"东坡先生辞世之后,在写给他的诸多悼文中,我最欣赏的是这一篇。这篇悼词是"苏门六君子"之一李廌写的,"东坡之没,士大夫及门人作祭文甚多,惟李廌方叔文尤传,如'道大不容,才高为累,……'此数句,人无贤愚,皆能诵之。"(《曲洧旧闻》)

李廌(1059—1109年),字方叔,号德隅斋,又号齐南先生、太华逸民,华州(今陕西华县)人,北宋文学家。李廌六岁时父母就离开了人世,他发愤自学。苏轼在黄州时,他拿着自己的文章拜谒东坡。东坡在看了李廌的文章后认为"其文笔墨澜翻,有飞沙走石之势",拍着他的背说:"你的才华堪敌万人,如果再加以高节情操,举世都不能抵御了!"拊其背曰:"子之才,万人敌也。抗之以高节,莫之能御也。"自此天下人知道了李廌有"万人敌"的美名。李廌拜在东坡门下,成为"苏门六君子"之一。几年后,当李廌再拿着文章去见东坡时,东坡评论其文"如大川东注,昼夜不息,不至于海不止",感慨地说:"(李廌)张耒、秦观之流也。"

"苏门六君子"也称"苏门六学士",他们是:黄庭坚、秦观、晁补之、张耒、陈师道、李廌六人。"苏门四学士"指的是黄庭坚、秦观、晁补之、张耒四人。

元祐三年（1088年）正月，苏轼以翰林学士朝奉郎知制诰兼侍读主掌贡举考试，他的门生李廌在省试举子之中。李廌是苏门弟子中最有才华、文章写得最好的之一，加之又有东坡的影响，当时几乎所有人都认为李氏一定会考中。因此，苏轼"先言任意取人"的传言开始弥漫。但结果却是李廌落榜。北宋末年朱弁《风月堂诗话》亦载："东坡知贡举，李廌方叔久为东坡所知，其年到省诸路举子，人人欲识其面，考试官莫不欲得方叔也。坡亦自言有司以第一拔方叔耳。既拆号，十名前不见方叔，众已失色，逮写尽榜，无不惊骇叹。方叔归阳翟，黄鲁直以诗叙其事送之，东坡和矣。如'平生漫说古战场，过眼终迷日五色'之句，其用事精切，虽老杜、白乐天集中未尝见也。"朝士吕大防感叹说："有司试艺，乃失此奇才耶！"李廌的落榜一时成为人们议论的焦点。

对于李廌落第，身为主考官的苏轼深为自责，为此赋诗："余与李廌相知久矣，领贡举事，而李不得第，愧甚，做诗送之。与君相从非一日，笔势翩翩疑可识。平生漫说古战场，过眼终迷日五色。我惭不出君大笑，行止皆天子何责。青袍白纻五千人，知子无怨亦无德。买羊酤酒谢玉川，为我醉倒春风前。归家但草凌云赋，我相夫子非瞿仙。"苏轼在诗句说自己愧对李廌，失取此奇才，当负遗才之责。他相信李廌并非池中之物，一定还有科场进身的机会。

黄庭坚为这次省考的参评官，他也次苏轼诗韵，赋诗安慰李廌，诗题为《次韵子瞻送李廌》："骥子堕地追风日，未

## 风情百样 苏东坡

试千里谁能识。习之实录葬皇祖,斯文如女有正色。今年持橐佐春官,遂失此人难塞责。虽然一哄有奇偶,博悬于投不在德。君看巨浸朝百川,此岂有意潢潦前。愿为雾豹怀文隐,莫爱风蝉蜕骨仙。"黄庭坚说李廌是未遇伯乐的千里马,这次落第是因为运气较差,考试如同赌博,胜负只是凭运气而已。

李廌认为自己满腹经纶,没能考上是命运不济,是阅卷者未能看中自己的文章,故而落第。他写诗明志:《下第留别陈至》有句云:"余生天地间,动辄多愿违。天王十二闲,玉勒黄金鞿。奈何骥与𬴊,不使备六駬。盐车初未脱,伯乐第兴悲。宁甘生刍饿,不为场藿嘶。京都足风埃,士气亦随淄……吾生三十年,二十九年非。"《下第留别舍第粥》诗亦云:"百年能几何,三十已一世。胸中经纶策,偃蹇未获试。"

三年后,元祐六年(1091年)李廌再应试,不幸再次落第。他产生了不再博弈科名之意,"某顷元祐三年春礼部试不第,东坡送之以诗,黄鲁直诸公皆有和诗。今年秋复下第,将归耕颍川,辄次前韵上呈内翰先生及乞诸公一篇,以荣林泉,不胜幸甚"。有"数奇辜负师友责"之语。陆游《老学庵笔记》所说"廌果终身不第以死",即据此而来。

在陆游的《老学庵笔记》中记载了这件事:"东坡素知李廌方叔。方叔赴省试,东坡知举,得一卷子,大喜,手批数十字,且语黄鲁直曰:'是必吾李廌也。'及拆号,则章持平,而廌乃见黜。故东坡、山谷皆有诗在集中。初,廌试罢归,语人曰:'苏公知举,吾之文必不在三名后。'及后黜,廌有乳母年七十,大哭曰:'吾儿遇苏内翰知举不及第,他日尚奚望？'遂闭门睡，至夕不出。发壁视之，自缢死矣！廌果终身不第以死，甚可哀也。"后人认为陆游的记载有虚构之辞。我倒是宁可相信这一观点。"李廌终身不第以死"这倒没什么，人怎样都可以度过一生；反之，如果真的是因为李廌落榜，而导致"廌有乳母年七十……自缢死矣"，这实在是令人欲哭无泪憋闷得慌。

无独有偶，赵渭《养疴漫笔》又一次将这件事渲染一番：元祐年间，东坡任贡举主考官，李廌参加考试。将要对考场封闭的时候，东坡将一封封好的书信让人带给李廌，当时李廌不在屋中，这个人将书信放在桌上。恰巧这时，章惇的两个儿子章持、章援到李廌屋子来，便拿起东坡给李廌的信来看，是一篇文章《扬雄优于刘向论》。二章十分惊喜，将这封信拿走。等到李廌回来后，到处也找不到这封信，知道了一定是被二章偷走了，十分惆怅又不敢说出来。等到考试时，所出题目果然是这个。二章都模仿东坡的作文，心神紊乱的李廌却是实在写不下去。等到放榜时，东坡想魁首一定会是李廌，实际却是章援，第十名的文意与第一名相似，打开一看，却是章持。东坡大惊失色。前二十名里，有一个答卷十分奇特，东坡对其他的参评官说："这个一定是李廌。"等打开一看，却是葛敏修。而李廌落榜。东坡走出考院，知道了这个情况后，大为叹息愤恨。李廌离去时他做诗一首相送，有句"平生漫说古战场，过眼空迷日五色"。李廌的母亲叹息对他说："苏学士当主考，你都没能考上功名，今后还有什么指望呢？"李母因这件事抑郁而死。

南宋时，流传有东坡泄露考题给李廌、却被苏的政敌之子章氏兄弟偷去的说法。但这个说法一直没有几个人相信。

风情百样 苏东坡

宋朝科举之时，知贡举官在得到诏令、受令及入院锁宿等各个时间环节上，朝廷都派有人员监督。苏轼作为知举官，也不可避免地在各个时间环节上受到监督。尤其是北宋严格的锁院制度，增设权同知举官若干人，使其互相牵制，分割知贡举官的权力。加强对知贡举官的监督。因此说东坡徇私情授题给门人李廌的事情不能成立，说东坡私泄考题为的是污垢东坡的名誉。

李廌连续两年应举落第，便绝意仕途，他定居在长社（今河南长葛县），长社县令李佐非常敬佩李廌的才华，他动员当地的士绅，为李廌买了一处房子。李廌定居在那里，直至去世。

其实，苏轼对于李廌的事一直放在心上，苏轼还与范祖禹商量一同向朝廷举荐李廌，但二人因故相继离开朝堂，因而没有结果。据李廌自己在《师友谈记》中的记载，苏东坡有次和他的僚属聚会，东坡举起满满一杯白酒对欧阳叔弼、陈伯修二校理和常希古少尹，说："你们三位都把这杯酒喝干了，我才告诉你们为什么受罚。"三人饮罢，东坡说："你们三位都担任主管，却没有举荐李廌这样的人，因此就可以罚你们。"这三人感到惭愧，忙着道歉。当时张文潜也在席上，却也举起大白之杯，对东坡说："先生也应当喝这杯酒。"东坡说："为什么呢？"文潜说："先生从前主持贡举，也错失了李廌，岂不和他们犯了同样的错误。"苏轼曾向有关部门多次推荐李廌，由于党争苏轼的"川党"失势，李廌自然受到连累，终是布衣一生。

宋徽宗建中靖国元年（1101年）七月二十八日，苏轼卒，李廌步行到东坡逝世的常州，作文以祭之。所作《吊东坡文》

言辞悲恸，文气奇壮，一时为人传诵（《曲洧旧闻》）。东坡的儿子苏过居住在许昌时李廌多次和他相会交游。

北宋宋徽宗大观三年（1109年），五十一岁的李廌身患重病去世。凄苦一生的李廌真的是一无所有，身无分文，贫穷到给自己买口棺材的钱都没有。县令李佐哀其凄凉，带头募集银两买了口棺材，这才安葬了他。其实早在李廌读书时，就因为家境贫穷而致使三代祖先灵柩没钱安葬，只能寄放在庙里。李廌泪流满面对他的老师苏轼说："我学习的目的是为了更好地理解忠孝的意义，现在我的祖先、双亲未葬，我还学什么呢？"就告别他的老师，想去赚钱来完成安葬亲人。苏轼大为感动，对李廌予以资助，又告知朋友共同帮助他。李廌才得以把他三代祖先的灵柩安葬在华山下。

李廌虽然布衣一生贫困潦倒，但其词语俊，颇有苏轼的清新之味，一样受到当时人们的称赞。他的词的代表作是《虞美人》：

玉阑干外清江浦，渺渺天涯雨。好风如扇雨如帘，时见岸花汀草涨痕添。

青林枕上关山路，卧想乘鸾处。碧芜千里思悠悠，惟有雯时凉梦到南州。

这首词描写春夏之交的雨景以及由此而生发的思念情绪。一反寻常怀人词的凄恻，极淡远清疏之致地表情达意，作者与景刻画入微，引人入胜，为这类题材开拓了新的境界。

近代词人况周颐《蕙风词话》对这首词评价很高，说"好风"一句，确有此景而又"似乎未经人道"；结尾"碧芜千里思悠悠，惟有雯时凉梦到南州"一句，"尤极淡远清疏之致"。

李廌文章喜论古今治乱，辨而中理。《答赵士舞德茂宣义论宏词书》是重要的文学批评作品。《师友谈记》一卷，记载了苏轼、黄庭坚、秦观等人关于治学为文的言论，为后世研究宋代文学史提供了重要资料。赵序有"鉴裁明当，语胜理诣，翰墨娟秀"之语称赞李廌，四库全书总目提要亦称其"妙中理解"。

在苏门最得意的六君子当中，李廌幼失双亲，孤苦伶仃，最为凄惨；布衣一生，贫困潦倒，最为贫穷；无银葬亲，无钱葬己，最为悲情。

读李廌的人生，真让人欷歔不已，感慨万千。

## 乌台诗案

科学与文学，本是风牛马不相及的领域。你搞你的科学研究，我搞我的文学创作，本来应该是大路朝天各走半边，相安无事的。不知怎的，有位科学家搞科研之后闲暇工夫有个嗜好，就是袖口里总藏着小纸条，搜罗每位朝官的不臣之言，背后算计同事，然后向上级告密讨好，以表示自己的忠诚之举。这真是天下之大，林子里什么鸟都有。

这位科学家就是北宋的沈括。沈括是我国历史上卓越的科学家之一，博学多才，成就显著。他精通天文、数学、物理学、化学、地质学、气象学、地理学、农学和医学。晚年以平生见闻研究，在镇江梦溪园撰写了笔记体巨著《梦溪笔谈》而名垂青史。《宋史·沈括传》称他"博学善文,于天文、方志、律历、音乐、医药、卜算无所不通,皆有所论著"。英国科学史家李约瑟评价沈括"中国科学史上的坐标"。沈括在历史上还有改革家的名号,这就是说他这个人很喜好政治,政治嗅觉灵敏,检举揭发他人的政治手段也不一般。

沈括生于北宋宋仁宗天圣九年(1031年),比苏轼大五岁,却晚他六年中进士。治平三年(1066年),苏轼进入史馆,而沈括在前一年入昭文馆。北宋沿袭唐制,以史馆、昭文馆、集贤院为三馆,通名崇文院。这位科学巨匠与文化大师苏轼这样就有了同事的经历。

宋神宗熙宁二年(1069年),王安石被任命为宰相。在皇帝的支持下,王安石进行了大刀阔斧的激进改革。沈括积极参与变法运动,受到王安石的器重和信任,担任了管理全国财政的最高长官三司使等许多重要官职,还是朝廷派出考察新法执行成果的钦差大臣。沈括一心想要抱住王安石的大腿,他在到处考察后,只报喜不报忧,汇报说全国百姓都热烈拥护朝廷新政策,国泰民安,万事大吉,一派升平。

苏轼却与王安石这位宰相观点不一样,也和沈括这位钦差大臣"所看到"的不一样。在王安石推行新政如火如荼时候,苏轼历数推行新政给老百姓带来的痛苦和灾难,指责王安石"怀诈其术,以欺其君",还说如此推行新政将会导致亡国。"今日之政,小用则小败,大用则大败,若力行不已,则乱亡随之……"苏轼是一位勇于直谏、嫉恶如仇很敢说话的人,苏轼所见到的和沈括所言完全相反。苏轼和王安石领导的新政集团进行了针锋相对的对阵。

风情百样 苏东坡

因苏轼一再和王安石"作对",苏轼无法在朝廷上立脚,他要求外放被下放到了杭州担任通判。熙宁六年(1073年),沈括作为钦差大臣,到杭州检查农田水利建设。临行前向神宗辞行,宋神宗对沈括说:"苏轼通判杭州,卿其善遇之。"沈括果然按照宋神宗的圣喻对苏轼"格外关照"。

沈括到了杭州,查访农田水利以及新法实施的情况后,虽然他和苏轼政治观点不同,但不妨碍"与轼论旧",毕竟他们曾经是老同事、老朋友。沈括和苏轼一见面,嘘寒问暖一番,回忆"昔日同在馆阁之事"。临行时他向苏轼索要他最近的诗文,苏轼不做多想,把当时写的许多诗词,包括后来授人话柄的《山村五绝》《吴中田妇叹》等都手书一份给了沈括。沈括一回京城,在苏轼的诗文中寻章摘句找出一些贬低诽谤新政的句子,加以详细的"注释"后分呈宋神宗、王安石、吕惠卿。沈括说苏轼的这些诗句如何居心叵测、如何恶意诽谤新政,"词皆讪怼",藐视朝廷讽刺皇帝,等等。沈括此举,希望在王安石跟前立一大功。可他没料到,王安石对他的邀功之举根本不予理睬。王安石经过一些事情已经改变了对沈括的看法,他对神宗说:"沈括是小人。"

有人说,致使苏轼陷入文字狱"乌台诗案"的罪魁祸首是王安石。不错,王安石是看不上老和他作对的苏轼,但王安石还没有卑鄙无耻到使出蓄意栽赃、无中生有这种小人伎俩。"苏轼惹祸,根源在沈括。"也正是沈括从苏轼的诗文中嗅出他的"反动语调";也正是沈括出卖苏轼邀功请赏的举动,才为苏轼日后陷入"乌台诗案"险些丢了老命引燃了导火索,换句话说,沈括就是"乌台诗案"的始作俑者。

元丰二年(1079年),李定、舒亶、何正臣、李宜四个变法集团的主要官员,他们借鉴拾起沈括曾经的做法:从苏轼诗文中断章取义,罗织罪名,弹劾苏轼,导致苏轼入狱,他们欲陷苏轼于死地,因而形成了历史上有名的"乌台诗案"。苏轼在这起案件中理想、身心遭受严重打击,还险些丢了"老头皮"。虽然,苏轼入狱沈括不是主谋,但这件事的始作俑者是沈括,"乌台诗案"正是以沈括上呈的那些"发现"为基础的。"其后李定舒亶论轼诗置狱,实本于括。"

王安石罢相后,被他喻为"小人"的沈括没有辜负王安石给他的评价,风向立刻变了。他和王安石划清界限,给王安石一击,摇身一变立刻诋毁新法。沈括向新宰相吴充上书,历数了王安石变法的很多弊端。吴充也是很看不起沈括为人的,他转身就把沈括检举王安石的报告递给了神宗皇帝,神宗一看,沈括这人两面三刀,朝秦暮楚,这不是落井下石吗?做人哪能这样啊?于是开始冷遇沈括,后将他出知宣州贬出去了。元祐年间,苏轼在杭州当差,沈括居然跟没有发生以前的事一样,还经常跑到苏轼那里去叙旧,每次都恭恭敬敬地礼数周全,苏轼早已看不起他了。脸皮厚也是小人生存不可或缺的法宝。

南宋王铚《元祐补录》记载了沈括这一丑事。"沈括素与苏轼同在馆阁。轼论事与时异,补外。括察访两浙,陛辞,神宗语括曰:'苏轼通判杭州,卿其善遇之。'括至杭,与轼论旧,求手录近诗一通。归即签谳帖以进,云词皆讪怼。其后李定舒亶论轼诗置狱,实本于括云。元祐年间,轼知杭州,括闲废在润,往来迎谒恭甚。轼益薄其人。"

沈括与苏轼曾是朋友不是政敌。那么,沈括为何要陷害苏轼呢?这是人们十分想知道的。余秋雨大师在《东坡突

风情百样 苏东坡

围》中说:"这大概与皇帝在沈括面前说过苏东坡的好话有关,沈括心中产生了一种默默的对比,不想让苏东坡的文化地位高于自己。另一种可能是他深知王安石与苏东坡政见不同,他投注投到了王安石一边。但王安石毕竟也是一个讲究人品的文化大师,重视过沈括,但最终却得出这是一个不可亲近的小人的结论。"

因为"乌台诗案",沈括为自己涂上一个永远无法抹去的污点;否认沈括的人品,但这并不影响我们对沈括科学成就的肯定。

## 千古绝唱——《念奴娇·赤壁怀古》

苏轼被贬黄州以后常常来赤壁矶头游览眺望,或泛舟江中。这时他已年近半百。站在矶头,望着滚滚东去的江水,想起自己建功立业的报负也付之东流,不禁俯仰古今,浮想联翩,写下了名作《念奴娇·赤壁怀古》。其后,苏轼又两次舟游赤壁之下的长江,写下了著名的《前赤壁赋》《后赤壁赋》。前后《赤壁赋》在我国文学艺术史上产生了深远的影响。

神宗元丰五年(1082年),已经47岁的苏轼因"乌台诗案"被贬黄州已两年余。黄州城外的赤壁矶头风景优美,是文人清赏之地。胡仔《苕溪渔隐丛话》后集卷二十八载东坡语:

黄州西山麓,斗入江中,石色如丹,传云曹公败处,所谓赤壁者。或曰非也。曹公败归,由华容路，路多泥泞，使老弱先行践之而过，曰：刘备智过人而见事迟，华容夹道皆葭苇，若使纵火，吾无遗类矣。今赤壁少西对岸即华容镇，庶几是也。然岳州复有华容县，竟不知孰是。今日，李委秀才来，因以小舟载酒，饮于赤壁下。李善吹笛，酒酣，作数弄。风起水涌，大鱼皆出，山上有栖鹘，亦惊起。坐念孟德、公瑾，如昨日耳。

一日，苏东坡站在赤壁矶头，看到风起水涌景象，触景生情，引起他对曹操、周瑜赤壁之战的联想，所以怀古咏史，歌咏周瑜在青年就能奔走沙场，建功立业，想想自己的一事无成，所以不禁缅怀时光易逝，一首千古绝唱《念奴娇·赤壁怀古》喷涌而出。但是苏轼毕竟是苏轼，不是一介凄凄惨惨的寒儒，可以说，他是一个能够参透世间荣辱的智者，所以他在这首词的末尾写道："人生如梦，一樽还酹江月。"

### 念奴娇·赤壁怀古

　　大江东去，浪淘尽，千古风流人物。
　　故垒西边，人道是：三国周郎赤壁。
　　乱石穿空，惊涛拍岸，卷起千堆雪。
　　江山如画，一时多少豪杰。
　　遥想公瑾当年，小乔初嫁了，雄姿英发。
　　羽扇纶巾，谈笑间，樯橹灰飞烟灭。
　　故国神游，多情应笑我，早生华发。
　　人生如梦，一樽还酹江月。

**译文：**

　　长江朝东流去，千百年来，所有才华横溢的英雄豪杰，都被长江滚滚的波浪冲洗掉了。

风情百样 苏东坡

那旧营垒的西边,人们说:那是三国时周郎大破曹兵的赤壁。

陡峭不平的石壁插入天空,惊人的巨浪拍打着江岸,卷起千堆雪似的层层浪花。

祖国的江山啊,那一时期该有多少英雄豪杰!

遥想当年周公瑾,小乔刚刚嫁了过来,周公瑾姿态雄峻。

手里拿着羽毛扇,头上戴着青丝帛的头巾,谈笑之间,曹操的无数战船在浓烟烈火中烧成灰烬。

神游于故国(三国)战场,该笑我太多愁善感了,以致过早地生出白发。

人的一生就象做了一场大梦,还是把一杯酒献给江上的明月,和我同饮共醉吧!

苏轼的《念奴娇·赤壁怀古》被誉为千古绝唱,是宋词中流传最广、影响最大的作品,也是豪放词最杰出的代表。

此词怀古抒情,写自己消磨壮心殆尽,转而以旷达之心关注历史和人生。上阕以描写赤壁矶风起浪涌的自然风景为主,意境开阔博大,感慨隐约深沉。起笔凌云健举,包举有力。将浩荡江流与千古人事并收笔下。

千古风流人物既被大浪淘尽,则一己之微岂不可悲?然而苏轼却另有心得:既然千古风流人物也难免如此,那么一己之荣辱穷达复何足悲叹!人类既如此殊途而同归,则汲汲于一时功名,不免过于迂腐了。接下两句切入怀古主题,专说三国赤壁之事。"人道是"三字下得极有分寸。赤壁之战的故地,争议很大。一说在今湖北蒲圻县境内,已改为赤壁市。但今湖北省内有四处地名同称赤壁者,另三处在黄冈、武昌、汉阳附近。苏轼所游是黄冈赤壁,他似乎也不敢肯定,所以用"人道是"三字引出以下议论。

"乱石"以下五句是写江水腾涌的壮观景象。其中"穿""拍""卷"等动词用得形象生动。"江山如画"是写景的总括之句。"一时多少豪杰"则又由景物过渡到人事。

苏轼重点要写的是"三国周郎",故下阕便全从周郎引发。换头五句写赤壁战争。与周瑜的谈笑论战相似,作者描写这么一场轰轰烈烈的战争也是举重若轻,闲笔纷出。从起句的"千古风流人物"到"一时多少豪杰"再到"遥想公瑾当年",视线不断收束,最后聚焦定格在周瑜身上。然而写周瑜却不写其大智大勇,只写其儒雅风流的气度。

不留意的人容易把"羽扇纶巾"看作是诸葛亮的代称,因为诸葛亮的装束素以羽扇纶巾著名。但在三国之时,这是儒将通常的装束。宋人也多以"羽扇"代指周瑜,如戴复古《赤壁》诗云:"千载周公瑾,如其在目前。英风挥羽扇,烈火破楼船。"

苏轼在这里极言周瑜之儒雅淡定,但感情是复杂的。"故国"两句便由周郎转到自己。周瑜破曹之时年方34岁,而苏轼写作此词时年已47岁。孔子曾说:"四十五十而无闻焉,斯亦不足畏也已。"苏轼从周瑜的年轻有为,联想到自己坎坷不遇,故有"多情应笑我"之句,语似轻淡,意却沉郁。但苏轼毕竟是苏轼,他不是一介悲悲戚戚的寒儒,而是参破世间宠辱的智者。所以他在察觉到自己的悲哀后,不是像南唐李煜那样的沉溺苦海,自伤心志,而是把周瑜和自己都放在整个江山历史之中进行观照。在苏轼看来,当年潇洒从容、声名盖世的周瑜现今又如何呢?不是也被大浪淘尽了吧。这样一比,苏轼便从悲哀中超脱了"人生到处知何似,

应似飞鸿踏雪泥。泥上偶然留指爪,鸿飞哪复计东西"(《和子由渑池怀旧》)。所以苏轼在与周瑜作了一番比较后,虽然也看到了自己的政治功业无法与周瑜媲美,但上升到整个人类的发展规律和普遍命运,双方其实也没有什么大的差别。有了这样深沉的思索,遂引出结句"人间如梦,一樽还酹江月"的感慨。正如他在《西江月》词中所说的那样:"世事一场大梦,人生几度秋凉。"消极悲观不是人生的真谛,超脱飞扬才是生命的壮歌。既然人间世事恍如一梦,何妨将樽酒洒在江心明月的倒影之中,脱却苦闷,从有限中玩味无限,让精神获得自由。其同期所作的《赤壁赋》于此说得更为清晰明断:"惟江上之清风,与山间之明月,耳得之而为声,目遇之而成色。取之无禁,用之不竭,是造物者之无尽藏也,而吾与子之所共适也。"这种超然远想的文字,宛然是《齐物论》思想的翻版。但庄子以此回避现实,苏轼则以此超越现实。

黄州数年是苏轼思想发生转折的时期,也是他不断走向成熟和睿智的时期,他以此保全自己的岸然人格,也以此养护自己淳至的精神。这首《念奴娇》词及其作于同一时期的数篇诗文,都为我们透示了其中的端倪。

诗人是个旷达之人,尽管政治上失意,却从未对生活失去信心。这首词就是他这种复杂心情的集中反映,词中虽然书写失意,然而格调是豪壮的,跟失意文人的同主题作品显然不同。词作中的豪壮情调首先表现在对赤壁景物的描写上。长江的非凡气象,古战场的险要形势都给人以豪壮之感。周瑜的英姿与功业无不让人艳羡。

这首词从总的方面来看,气象磅礴,格调雄浑,高唱入云，其境界之宏大，是前所未有的。特别是它第一次以空前的气魄和艺术力量塑造了一个英气勃发的人物形象，透露了苏轼有志报国、壮志难酬的感慨。这首词的出现，对于仍然盛行缠绵悱恻之调的北宋词坛，确有振聋发聩的作用。

## 东坡之死

世界上有两种人的死因最扑朔迷离，一种是江湖侠士，一种就是文人墨客。从屈原投江到李白捉月，无不引起人们无限的遐想。而苏东坡的死因更是蹊跷，因为他是死在自己手上的……

清人陆以湉所著的《冷庐医话》中写道："士大夫不知医，遇疾每为俗工所误，又有喜谈医事，研究不精，孟浪服药以自误。如苏文忠公事，可惋叹焉。"《冷庐医话》卷一《慎药》篇中，有这样的一段记述。

建中靖国元年，公自海外归，年六十六，渡江至仪真，舣舟东海亭下，登金山妙高台时，公决意归毗陵，复同米元章游西山，逭暑南窗松竹下，时方酷暑，公久在海外，觉舟中热不可堪，夜辄露坐，复饮冷过度，中夜暴下，至旦惫甚，食黄粥觉稍适。会元章约明日为筵，俄瘴毒大作，暴下不止，自是胸膈作胀，却饮食，夜不能寐。十一日发仪真，十四日疾稍增，十五日热毒转甚，诸药尽却，以参苓瀹汤而气寝止，遂不安枕席。二十一日，竟有生意，

风情百样 苏东坡

二十五日疾革,二十七日上燥下寒,气不能支,二十八日公薨。

余按:病暑饮冷暴下,不宜服黄,迨误服之。胸胀热壅,牙血泛溢,又不宜服人参、麦门冬。噫!此岂非为补药所误耶?

近见侯官林孝廉《昌彝射鹰诗话》云:公当暴下之时,乃阳气为阴所抑,宜大顺散主之,否则或清暑益气汤,或五苓散,或冷香引子及二陈汤,或治中皆可选用,既服黄粥,邪已内陷,胸作胀以为瘴气大作,误之甚矣,瘴毒亦非黄粥所可解,后乃牙龈出血,系前失调达之剂,暑邪内干胃腑,宜甘露饮、犀角地黄主之,乃又服麦冬饮子及人参、茯苓、麦门冬三物,药不对病,以致伤生,窃为公惜之云云。余谓甘露饮、犀角地黄汤用之,此病固当。至桂、附等味,公之热毒如是之甚,亦不可用也。

东坡一生命途多舛,晚年更是历经磨难。宋徽宗建中靖国元年(1101年)六月十五日,他从被贬斥的儋州北归回到常州,因为他在海外待的时间太久了,觉得船上热得无法忍受,晚上他在船上露天坐着,再加上食用冷食过多,半夜时因痢疾腹泻开始发作,到天亮时他已经疲惫不堪,服用了补气固表的黄芪粥才觉得好了一点。他和米元章约好第二日一起吃饭,但他的病情不断加重恶化,腹泻狂下不止,腹胀难耐。可自以为精通医术的东坡,还是吃了一些东西,导致晚上再也无法安睡。

东坡在《与钱济明书》中,说了自己诊治的情形:

某一夜发热不可言,齿间出血如蚯蚓者无数,迨晓乃止，困愈之甚。细察病状，专是热毒根源不浅，当用清凉药，已令用人参、茯苓、麦门冬三味煮浓汁，渴即少啜之，余药皆罢也。庄生闻在宥天下，未闻治天下也，三物可谓在宥矣，此而不愈则天也，非吾过也。

明明是东坡自诊有失误，但他却不以为然。病情加剧后仍不问郎中，仍是按图索骥，照方抓药，错误地选用了人参、茯苓、黄芪等温补药，而不以清热解暑之剂来医此热毒之症。应先治"热毒"再作补气，"药不对病，以致伤生"，结果很快就丢了命。这怎么能说东坡先生不是给自己开错了药方，被补药所耽误了呢？怎么能说不是东坡先生草菅了自己的性命，是他自己的过错呢？

东坡在生命垂危弥留之际还不能认识到他之所以由小病而至性命攸关的地步，完全是他自己造成的。可悲的是，东坡却不这样认为，反而还对朋友说："此而不愈则天也，非吾过也。"其实，把责任推给老天，实在是没有什么道理，这老天，百世万世都是这样的，它能承担什么责任呢？只能是怨天尤人聊以自慰罢了。

陆以湉说：东坡的病因是食用冷食过多导致，治这个病不宜服黄芪粥。误服之后，胸胀热毒堵塞，牙龈出血，这时又不宜服人参、麦门冬。

林孝廉说：东坡腹泻最重的时候，是他的阳气被阴气所抑制，应该用大顺散来治疗。可是，既然服用了黄粥，病毒已经深入体内，胸胀时又以为是瘴气大作，这又是更大的失误，瘴毒也不是黄粥可以治愈的，至于后来牙龈出血，这也是以前治疗失误所造成的，药不对症，以至于伤害了性命，

风情百样 苏东坡

这是十分令人惋惜的。

据史书记载,苏东坡虽是文人却酷爱医术,娴熟许多药方,常给人开方抓药,自己生病从不请大夫,而是自己给自己开方子。关于东坡娴熟中药名有这样一则轶闻:有一次,苏东坡到黄庭坚家做客,刚到黄家,东坡的仆人就匆匆赶来说夫人有急事,让他速回。黄庭坚有心嘲弄他,就吟道:"幸早里(杏、枣、李),且从容(苁蓉为中药)。"苏东坡头也不回,应声而答:"奈这事(苹果、蔗、柿),须当归(当归为中药名)。"

尽管东坡通晓药理,自己会开方子,在遇到杭州那样大瘟疫中大显身手。保不齐早有人把他当成扁鹊再世,华佗再生。这样东坡先生难免也会自信心膨胀,觉得可以一通百通包治百病,人家之所以没有挂出"神医"的牌子,还是要给天下郎中一口饭吃的。但他毕竟不是专业医生,也无从谈得到精通医术,偶尔客串一下,平常看个头疼脑热的小病也能药到病除。但遇到疑难顽症,就难免有看走眼、下错药的时候。可是他对自己的医术又过分自信,悲剧就这样酿成了。

呜呼,东坡之死,真是件令人扼腕叹惜的事。

## 身后之名

东坡一生中遭受过两次重大的政治迫害。第一次是在元祐年间,东坡因反对王安石新法,知湖州时因"乌台诗案"被押送京城受审,逃过一劫后被贬谪黄州。第二次是在绍圣年间，朝廷新宠章惇视东坡为政敌，先贬他到岭南惠州，后将他流放到海南儋州，欲将其困死蛮荒。这两次打击使东坡一生在政治上郁郁而不能得志，"治天下"的政治抱负付诸东流，这是他人生最大的遗憾。东坡的头衔也因此少了一个政治家的称号。

与东坡生前受到的两次政治迫害相比，东坡名誉彻底扫地是在他死后发生的。

北宋元丰八年（1085 年）宋神宗去世，九岁的哲宗继位，高太后任用司马光为宰相，东坡在这一时期，曾被任翰林学士，曾出知杭州、颍州，官至礼部尚书。司马光恢复旧制，全面废除王安石变法。由此，主张变法的政治派别被时人称之为"元丰党人"；反对变法一派，则被称之为"元祐党人"。

元祐八年（1093 年），高太后去世，哲宗亲政，再一次起用变法派人士，全面恢复变法新政，他起用章惇为相。章惇利用哲宗对"元祐党人"的不满，高压打击元祐诸臣，无论是以苏轼为代表的蜀党还是程颐为代表的洛党，以及刘挚为首的朔党，凡是元祐旧臣，都在清洗之列。追夺已死的司马光、吕公著等人的赠谥，将健在的如吕大防、刘挚、苏辙等贬谪出朝。此番打击的"元祐党人"共有 70 人。

元符三年（1100 年），哲宗死，徽宗即位后起用韩忠彦，追复司马光、苏轼等人官职。徽宗建中靖国元年（1101 年），东坡北归，五月至真州时瘴毒发作，六月上表请告老，朝廷准以本官致仕。七月，东坡去世于常州。

风情百样 苏东坡

就在东坡逝世的这一年,蔡京得到徽宗的重用拔擢为翰林学士。蔡京掌权后以继承神宗遗志为名,先把反变法人物韩忠彦等人定为"元祐党人"。还借此机会,排挤政敌,把那些在哲宗亲政后曾上书反对新法、同情元祐旧臣的人列入"元祐奸党",巩固自己的政治地位;他还把所有反对过他的和他不喜欢的人,也一并列入"元祐奸党"以发泄私愤。崇宁元年(1102年),发生了历史上有名的"元祐党人碑"事件。

宋徽宗用蔡京为相,蔡京勾结宦官独专朝政,崇奉熙宁新政。这些把持朝政的奸佞小人以百官所上章疏内容为准,分为正、邪两大类,每一类中,又分为上、中、下三等;在"邪"这一类中,还特加了一个"邪上尤甚"一等。将其中因上书获"附会奸慝,诬毁先帝"罪名的官员共计一百多人,也归入"元祐奸党"。罗列了一个共五百余人的邪类名单,统称为"奸党",处以不同的降职和贬逐。蔡京怂恿徽宗亲笔书写奸党姓名,刻石立碑共有120人,于端礼门外。这是第一个"元祐党人碑"。

这120人的名单是:

文臣执政官文彦博、吕公著、司马光、范纯仁、韩维、苏辙等22人。

待制以上官苏轼、范祖禹、晁补之、黄庭坚、程颐等48人。

余官秦观等38人。

内臣张士良等8人。

武臣王献可等4人。

崇宁三年(1104年),徽宗下诏重新核定元祐、元符党人和上邪书等者，合为一籍，共309人，刻石朝堂，其余的人不再入籍。徽宗手书刻石，竖立于德殿门外。又令蔡京书写大碑，并印发到各地，昭示全国。这是第二个"元祐党籍碑"。

这309人名单是这样组成的：

曾任宰臣执政官：司马光、文彦博、吕大防、苏辙等27人。

曾任待制以上官：苏轼、范祖禹、朱光庭、鲜于侁、刘安世等49人。

余官：秦观、黄庭坚、晁补之、张耒、吴安诗、程颐等177人。

武臣：张巽、李备、王献可、胡田等25人。

内臣：梁惟简、陈衍、张士良、梁知新等29人。

为臣不忠曾任宰臣：章惇、王珪2人。

碑文是蔡京撰写的："皇帝嗣位之五年，旌别淑慝，明信赏刑，黜元祐害政之臣，靡有佚罚。乃命有司，夷考罪状，第其首恶与其附丽者以闻，得三百九人。皇帝书而刊之石，置于文德殿门之东壁，永为万世臣子之戒。又诏臣京书之，将以颁之天下。臣窃惟陛下仁圣英武，遵制扬功，彰善瘅恶，以昭先烈。臣敢不对扬休命，仰承陛下孝悌继述之志。司空尚书左仆射兼门下侍郎蔡京谨书。"

与此同样的石碑分别立在全国各县，这是将反对党一网打尽，斩尽杀绝。朝廷规定：凡是被列入"元祐党籍"的人都被取消了任职资格，子孙亦永远不得为官。皇家子女也不得与此名单上诸臣之后代通婚姻，倘若已经订婚，也要奉旨取消。"元祐党人碑"的竖立，也是标志着朋党之争的一个总结。

风情百样 苏东坡

这两个"黑名单"上,苏轼是牢牢占据一个名额的。这上面不光有苏轼兄弟,有他的"苏门四学士",也有司马光、吕大防等宰辅;最让人觉得可笑的是,那些在苏轼生前一直暗算他,和他不共戴天想要他项上人头的小人章惇、王珪等竟然成了苏轼的"同党"。苏轼在天之灵若是有知,会作如何想法?就是章惇、王珪之徒又岂肯与苏轼"同流合污"?真是呜呼哀哉。这简直就是一场闹剧。自蔡京拜相以来,受到其排挤迫害的朝中大臣,几乎超过千人,其中主要是宋哲宗元祐年间的守旧派。"元祐党籍"成了蔡京排挤打击政敌的一把利剑。在蔡京的专权下,宋徽宗的前堂上充满了奸邪之臣,朝政日益腐败下去。

实际上,这些碑上的一些人并不配享有此种荣耀,上至朝堂宰相下至七品芝麻官都在其中。这是因为那群宵小是"宁可错杀一千,也不放过一个",还有官报私仇把自己个人仇敌的名字也擅自列入了,所以此"黑名单"上的人是良莠不分,好坏兼有。但在随后的一百多年间,碑上人的子孙,都以碑上有他们祖先的名字向人夸耀。这就是元祐党人碑在历史上出名的缘由。

徽宗崇宁五年(1106年)正月,在文德殿东墙上的元祐党人碑突被雷电击破成两块。徽宗十分害怕,叫人在深夜时把端门的党人碑毁坏,以免带来可怕的后果。蔡京见事已无法挽回便说:"此碑可毁,但碑上人名则当永记不忘!"

雷电击毁石碑一事,使苏东坡身后的名气越来越大。一个道士向徽宗奏称,曾见苏东坡的灵魂在玉皇大帝驾前为文曲星,掌诗文。徽宗心里越发害怕,急将苏东坡在世时最高官爵恢复,后来另封高位,名誉为苏东坡在世时所未有。徽宗还借雷电击毁石碑一事下令销毁京城及外地所有碑石，放宽党禁，恢复受谪者任籍，"自今言者勿复弹纠，除党人一切之禁"。

两次刊石立碑，蔡京对他的"敌人"进行了严厉打击。但蔡京并未就此罢手，为了彻底在舆论上消除守旧派的影响，蔡京上奏宋徽宗说："奸党之中，诗文流传民间者不在少数。这些诗人会对百姓产生坏影响，于绍述先圣不利。"宋徽宗觉得有理，下诏说："为正天下视听，将苏洵、苏轼、苏辙、黄庭坚、张耒、晁补之、秦观、马涓等人的文集，以及范祖禹《唐鉴》、范镇《东斋记事》、刘攽《诗话》、文莹《湘山野录》等书籍的刻版，悉行焚毁。"

这样，苏东坡被列入黑名单后，蔡京这些恶毒的魔爪伸向了死去的东坡，在东坡死后的十年之间，在民间大张旗鼓地收缴他的诗文予以焚毁。他们对保存有苏东坡诗文的人也将给予惩罚，致使人们不敢公开提说苏东坡的名字及其诗文。"诸士庶习诗赋者杖一百。"到了宣和年间（1119—1125年），"申禁东坡文字甚严"。凡石碑上刻有苏东坡的诗文或他的字的，都奉令销毁，他的著作严禁印行，他在世时一切官衔也全予剥夺。

徽宗崇宁、大观年间，东坡的海外诗很流行。这时候，朝廷禁止东坡的诗文传诵，赏赐的钱增加到八十万。但禁得越严密，流传的诗文越多，人们经常凭借收集到的海外诗多相互夸赞。士大夫没有诵读东坡诗文的，便觉得没面子。而有的人则说这种人低俗、没有品位。这段话记载在宋人朱弁的《风月堂诗话》中。"……崇宁大观间，海外苏诗盛行。是时朝廷虽尝禁止，赏钱增至八十万，禁愈严而传愈多，往

风情百样 苏东坡

往以多相夸。士大夫不能诵坡诗，便自觉气索，而人或谓之不韵。"

徽宗禁毁苏东坡的诗文达十年之久，不仅他的文稿被收缴焚毁，而且凡有他笔迹的碑刻和屏壁都被拆毁，为了禁毁他的诗文，朝廷还不断提高收缴"苏文"的奖金，却没有几个人来领取这个高额奖金。不仅民间收藏"苏文"的人众多，而且皇室成员和许多官员都不顾禁令，悄悄收集和珍藏苏东坡的诗文手稿，苏东坡的诗文字画在交易上极为活跃。到徽宗政和七年（1117年），收购珍藏苏东坡文稿的人愈加增多，其时苏东坡的一件真迹文稿，最高收购价达五万文。一位文人书斋挂有苏东坡题书的三字横匾，就有人出这个价求购。宦官梁师成为买到苏东坡写在英州石桥上的碑文，竟出三十万文天价。

南宋高宗皇帝赵构迁都杭州后，由于民间对苏东坡的才华越来越敬仰，高宗也开始阅读苏东坡的遗著，钦佩赞赏东坡对朝廷的忠诚。为了追念苏东坡，高宗亲自出来为东坡"平反"，"追复端明殿学士"，又特赠"资政殿学士"、"朝奉大夫"。还给他在汝州郏城县的坟起名叫"旌贤"。高宗把苏东坡的孙子之一苏符赐封高官。

到南宋孝宗乾道六年（1170年），孝宗皇帝喜爱东坡诗文，尤对他的策论奏章等文章大加赞赏，并称他为忠直之臣，孝宗皇帝追谥苏东坡为"文忠公"。乾道九年（1173年），又赐太师官阶。还特意为他的文集作了序。孝宗赐予《苏东坡集》的序言就盛赞他浩然正气的伟大，这种正气就使他的作品不同于那些华丽柔靡之作，并且使他的名声屹立如山，不可动摇。苏东坡身后的名声地位达到巅峰。这时收购他手稿的人到处可见，成为一件公开的事情。东坡的每件手稿价格也多成天价了。这是苏东坡逝世六十九年的事。封东坡太师的那道圣旨原文：

> 敕。朕承绝学于百圣之后，探微言于六籍之中。将兴起于斯文，爰缅怀于故老。虽仪刑之莫觏，尚简策之可求。揭为儒者之宗，用锡帝师之宠。故礼部尚书、端明殿学士、赠资政殿学士、谥文忠苏轼，养其气以刚大，尊所闻而高明；博凤载籍之传，几海涵而地负；远追正始之作，殆玉振而金声。知言自况于孟轲，论事肯卑于陆贽？方嘉祐全盛，尝膺特起之招；至熙宁纷更，乃陈长治之策。叹异人之间出，惊逸口之中伤。放浪岭海，而如在朝廷；斟酌古今，而若斡造化。不可夺者，峣然之节，莫之致者，自然之名。经纶不究于生前，议论常公于身后。人传元祐之学，家有眉山之书。朕三复遗编，久钦高躅。王佐之才可大用，恨不同时。君子之道暗而彰，是以论世。倘九原之可作，庶千载以闻风。惟而英爽之灵，服我衮衣之命。可特赠太师。余如故。

其时的书商们也大量印制他的诗、文集等，这不仅满足了众多不富裕的文人学子需求，更使苏东坡大量的诗词、论著和杂文等流传于世。因此苏东坡的诗文手稿虽遭徽宗严禁、收缴与焚毁，一些手稿和字画也被金人掠走，但他留存至今的文字作品却仍是古人中最多的一位。据初步统计，苏东坡存世的诗词达1700余首、书信800余封、代拟的圣诏近八百道，以及他的碑铭、奏章、杂记和所编撰注释之《书经》《易传》《论语》《志林》等作品的字数总计有百万余。

风情百样 苏东坡

到理宗赵昀端平二年（1235年），苏东坡被堂而皇之地摆上了供桌，和孔夫子一道享受皇家祭祀。

徽宗与奸臣们虽然企图将死去的苏东坡的名声搞坏，却未想到适得其反，苏东坡的声望反而越来越高，而自己却遗臭万年。

陆游在《老学庵笔记》中亦记载："建炎以来，尚苏氏文章，学者翕然从之，而蜀士尤甚。有语曰：'苏文熟，吃羊肉；苏文生，吃菜根。'"

《朝野杂记》则说："孝宗雅敬苏文忠，居常只称子瞻，或称东坡。"

朱弁《曲洧旧闻》记："东坡诗文，落笔辄为人所传诵。每一篇到，欧阳公为终日喜，前后类如此。"

《渑水燕谈录》云："张芸叟奉使大辽，宿幽州馆中。有题苏子瞻《老人行》于壁间者。闻范阳书肆亦刻子瞻诗数十篇，谓之《大苏集》。子瞻名重当代，外至夷虏，亦爱服如此。芸叟题其后曰：'谁传佳句到幽都，逢著胡儿问大苏。'"

东坡诗影响所及，不但国内，以至域外。《苕溪渔隐丛话》："子由奉使契丹，寄子瞻诗云：'谁将家集过幽都，每被行人问大苏。莫把文章动蛮貊，恐妨谈笑卧江湖。'"苏辙此诗见其集《栾城集》，题为《神水馆寄子瞻兄四绝》。后来金人攻下京师，特别索取苏东坡和司马光的书画，作为战利品的一部分运到塞外。

东坡《留别廉守》也尝自言："悬知合浦人，长诵东坡诗。"

宋人李较的《师友谈记》记有一个故事："相貌丑陋的章元弼娶了一个漂亮媳妇，可他倒好，只顾阅读苏轼作品，让老婆夜夜独守空房。老婆以离婚相要挟时，他竟然不知悔改，一纸休书给老婆以自由。尤为可笑可叹的是，章元弼还以此为荣，见了朋友还扬扬自得地说自己因为读苏轼集入迷把妻子都休了。"

邪恶终将被正义所战胜。"人们喜欢的总有鲜活的生命。"值得庆幸的是东坡的绝大多数诗文在民间保留了下来。否则，诸如"大江东去，浪淘尽，千古风流人物"、"明月几时有，把酒问青天"、"欲把西湖比西子，淡妆浓抹总相宜"……这些流传千古的句子，少了哪一句都是不可想象的。

东坡这个名字与他的那些精灵般的文字已经流传了千古，还将千古流传……